U0336923

桑德拉
销售原则

（中国本土案例版）

伍杰
[美] 大卫·马特森（David Mattson）
编著

桑德拉销售系统创立于1967年，是基于心理学的销售及管理体系，50多年来在全球30多个国家和地区的销售实践中久经考验。桑德拉销售系统相信技能培养和行为模式的改变不是靠一两次的“短期刺激”形成的，而是通过“态度-行为-技巧”（成功金三角）均衡发展，依靠不断的强化训练和持续改进而形成的。为此，桑德拉设计了一个销售系统，提炼出49条令人难忘的原则，这些原则坦率、有趣，而且总是很容易使用。

《桑德拉销售原则》简要介绍了美国桑德拉培训系统的49条销售原则，并融入了大量来自中国本土学员的真实案例。通过对人类交流和思维的深入理解，以及多年成功销售经验的总结，这些原则指导销售人员通过非常规的方式与顾客更有效地交流，以提高销售效率及职业水准。

北京市版权局著作权合同登记 图字：01-2024-2881号。

图书在版编目（CIP）数据

桑德拉销售原则／伍杰，（美）大卫·马特森（David Mattson）编著. -- 北京：机械工业出版社，2024. 9. -- ISBN 978-7-111-76292-8

Ⅰ. F713. 3

中国国家版本馆CIP数据核字第2024DY6590号

机械工业出版社（北京市百万庄大街22号 邮政编码100037）

策划编辑：李新妞　　责任编辑：李新妞　张雅维

责任校对：郑　婕　张　薇　　责任印制：张　博

北京联兴盛业印刷股份有限公司印刷

2024年10月第1版第1次印刷

170mm×230mm · 15. 25印张 · 1插页 · 202千字

标准书号：ISBN 978-7-111-76292-8

定价：88. 00元

电话服务	网络服务
客服电话：010-88361066	机　工　官　网：www. cmpbook. com
010-88379833	机　工　官　博：weibo. com/cmp1952
010-68326294	金　书　网：www. golden-book. com
封底无防伪标均为盗版	机工教育服务网：www. cmpedu. com

推荐语

REFERRALS

桑德拉销售原则针对“小而精”的销售公司，表现出对销售全过程的有效性、系统性和可操作性。它不仅能够帮助销售人员提升销售、项目管理、客户管理的技能，还能够适应不同行业的特殊需求，帮助不同规模的公司在这个充满挑战和机遇的市场取得成功。

——德国 ATMOS 医疗科技集团中国区总经理　任坚

在学习桑德拉之前，我们团队每个人都有自己的一套原则和行为习惯，没有人能定义什么是对的或错的。通过学习桑德拉，我们有三个主要的收获：①在销售过程中，会有意识地使用到里面的实用技巧，比如“这次我是否长了一对快乐的耳朵”“钟摆原理”“不要画海鸥”等；②团队意识的改变，从之前的家长或者孩童模式，转为成人模式，比如之前不太好意思或者不太敢去问客户的预算，到现在基本上每个销售人员都会问客户的预算等；③团队获得了判断销售行为对错的原则，比如这次会议我是否做了“事先约定”“我是否掌握了对方的决策过程”等。

——迈格码（苏州）软件科技有限公司销售市场总监

谢萍萍

REFERRALS

桑德拉原则，既是销售的技巧，也是人际沟通的技巧，它的底层是对人性的洞察，非常值得所有从事销售和管理的人反复阅读、思考、实践和复盘。我们公司每周定期学习和复盘桑德拉的方法，建立了共同的销售语言和行为准则，整个团队的销售效率提升了50%以上，也实现了销售人员、销售团队的可复制发展。

——四川研方医疗科技有限公司创始人　向晓妤

这本书是桑德拉销售方法和理念的金句式表达，我们团队运用桑德拉的方法实现了销售效率的大幅提升，并在此基础上实现了销售流程的结构性优化和提效，也在桑德拉方法的指导下拓展了两个全新的获客方式，既经济又有效。

——深圳市久通物联科技股份有限公司销售总监　贺亮

序言

PREFACE

一、本书的缘起

14 年前，我有幸踏入桑德拉的研讨课堂，那是一次偶然的机遇。课桌上，每个人的名字卡片下都印着一条桑德拉原则。当我的目光落在我和旁边一位伙伴的名卡上的两条原则时，我被深深吸引，甚至感到心灵的震撼。那两句话至今仍在我耳边回响：

- 你不会失去还没得到的东西
- 你无法管理不在掌控中的事情

起初，我对桑德拉的理解仅限于其作为一个销售体系辅导和培训的机构。然而，随着时间的推移，我逐渐领悟到桑德拉原则中蕴含的哲学智慧。14 年来，我不仅亲身实践桑德拉原则，还辅导了成千上万的学员运用这些原则。我深刻体会到“由道入术、以道御术”的精髓，以及道与术完美结合的力量。

这正是我多年来渴望重新编写桑德拉原则中文版的动力所在。

本书作为英文原版《桑德拉销售原则》的中文案例版，不仅继承了原版书籍的核心思想，而且融入了大量来自中国本土学员的真实案例。经过 14 年的学习和实践，结合对数百家企业、成千上万名销售人员进行辅导的经历，我深感现在是时候编写这本更贴合中国人语言习惯和思维习惯的中文版书籍了。

二、销售：科学与人性的交汇

本书旨在展示科学的销售逻辑与人性洞察的完美结合。书中介绍了销售中涉及科学的部分，比如：销售的步骤和逻辑，买家与卖家的博弈，桑德拉销售方法的底层逻辑——始终在甄别，以及如何建立科学的客户开发系统等（参考原则第2、3、4、13条）。

同时，本书也探讨了许多人性化的法则，如“以退为进，不销而销”“巧妙示弱，以柔制胜”“傻一点，卖更多”（参考原则第20、28、35条）。桑德拉将科学与人性进行了完整而充分的整合，这是难得一见的，也是极为独特的。这种整合使得桑德拉的方法更加有效且更人性化，让客户和销售人员都感到舒适。

三、销售：一场关于“你”的修炼

这本书关乎“你”，关乎自我修炼和成长。在销售过程中，我们不可避免地要面对与客户、金钱、外在世界的关系。在竞争激烈的销售世界中，这些关系被放大，如同镜子一般映射出我们内心深处的“不圆满”之处。

例如，在与客户的关系中，有人将客户捧得过高，有人则试图用套路去“操控”客户，这些都偏离了“中”道。书中关于这部分的内容可以参考*原则26　千万，千万别像个销售人员*、*原则27　客户“虐”你，可能是你自找的*。

在与金钱的关系上，许多人内心的金钱卡点和匮乏感会在销售中被放大，表现为不好意思跟客户谈钱或感到不配得（*参考原则41　大大方方地谈钱*、*原则42　你值得*）。

销售人员常常被外在目标所驱使，时而亢奋，时而压力重重。当你感到无助和无奈时，不妨深入思考*原则6　协同发展“成功金三角”*，以及*原则10　你无法管理不在掌控中的事情*。

与他人的关系、金钱的关系、外在世界的关系，或许都是我们内在关系的投射。世界是我们内心的倒影。在这个过程中，你也许会想要静下心来，细细品味*原则8　你的内在自我价值感决定了外在表现*和*原则9　把你的“孩子”留在家里*、*原则11　你不会失去还没得到的东西*。

通过本书，我希望你不仅能读懂销售的逻辑，更能洞察人性的各个面。更为重要的是，你将开始学习“读懂”你自己。

愿本书能成为你的良师益友，支持你活出一个更高版本的自己，成为一个——

外在：真诚、优雅、可信赖

内在：淡定、从容、有力量

的销售高手和人生赢家。

伍杰

桑德拉·中国总裁

2024年于上海

READING GUIDE

本书阅读指南

亲爱的读者，您好！在您即将开始阅读这本书的旅程时，我想先为您呈现一份清晰的阅读指南，帮助您更好地理解本书的内容。

（一）内容概览

本书内容主要汲取自《桑德拉潜水艇销售法》这门课程的精华，同时也融入了《桑德拉企业客户销售》《无压力客户开发》课程中的小部分知识。《桑德拉企业客户销售》是《桑德拉潜水艇销售法》的拓展和延伸，它针对企业（大）客户的特殊性进行了拓展和深化。

值得一提的是，桑德拉的所有课程都是既独立又相互支撑的。它们有着共同的DNA——那就是以客户为中心、为客户提供价值、协助客户做出购买决定、注重建立长期的信任和合作关系、力求让买卖双方在整个过程中都感觉舒服，以及尽可能提升双方的效率。这种理念贯穿了桑德拉的所有课程，也是本书的核心思想。

（二）原则分类

本书力求每一条原则都短小精悍，直指本质。但为了照顾“整体框架式”思维的读者，在此把49条原则进行简单的归类，以供参考。

原则序号	所属模块
1～12	核心理念篇
13～16	客户开发篇
17	拜访前准备
18～25	丝滑推进
26～46	步步为营
47	拜访后总结
48～49	客户经营 & 服务

需要再次提醒的是，这些原则之间是有“网状互联”支撑关系的。把原则归入上述不同模块进行分类，是为了便于一部分读者理解。但同一条原则，其实是可以在不同的模块有所体现和运用的，相信读者在阅读时会逐步体会到。

（三）阅读结构

书中每条原则都包含了下列部分：情景案例、主体内容、关联知识点、关联原则、思考题以及行动事项。这种结构旨在帮助读者全面、深刻地理解原则的内涵，并将其有效地融入实践。

1. 情景案例

案例和情景主要来自我们辅导学员时的真实场景。抛开行业/产品知识的差异，这些情景在各行各业极具普遍性，便于读者联系自身的实际场景。

2. 主体内容

详细阐述了原则的定义、内涵、重要性以及应用方法。

3. 关联知识点

关联知识点旨在帮助读者构建一个更加完整的知识体系，以及进行检索式学习。读者在阅读桑德拉其他书籍或者学习桑德拉的课程内容时能够更方便地找到对应的知识点。

4. 关联原则

通过指出当前原则与其他相关原则之间的联系，可以更好地理解这些原则之间的“网状互联”关系。这有助于读者形成多维度的视角，从而更好地理解和应用原则。

5. 思考题

这些题目鼓励读者将所学内容与自己的经验和实际情况相联系，从而促进对原则更深层次的理解和内化。通过回答这些思考题，读者可以检验自己对原则的掌握程度，并思考如何将原则应用到自己的生活和工作中。

6. 行动事项

最后的行动事项部分是将原则转化为实践的关键步骤。它帮助读者将本书的原则与实际工作进行“关联”和“转化”；当你实际去行动时，你对每条原则的内容理解必然会更深刻。

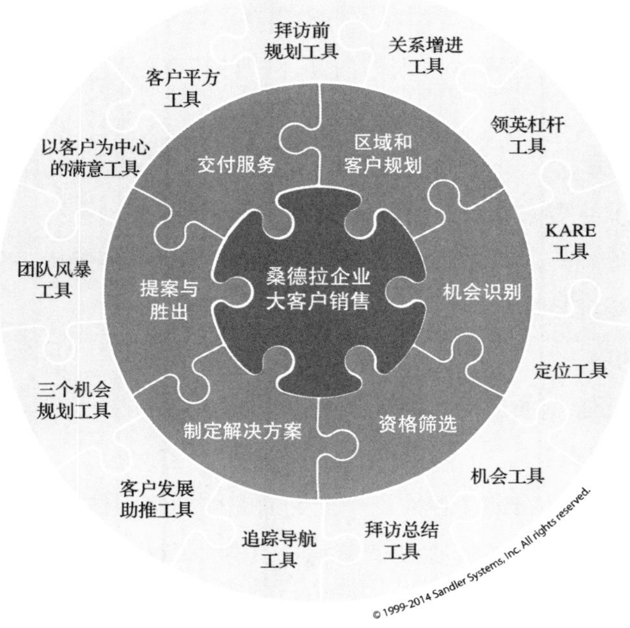

（四）互动与交流

如果你想要索取书中推荐的工具、想要加入桑德拉读者的共学研讨群，领取更多学习资料、与他人进行交流，或者是希望跟我本人以及桑德拉的其他老师建立联系，欢迎关注我们。

微信公众号：桑德拉销售体系。可在微信中搜索并关注公众号“桑德拉销售体系”，回复关键词“原则工具”，获取工具以及其他资料。

视频号：伍杰－桑德拉

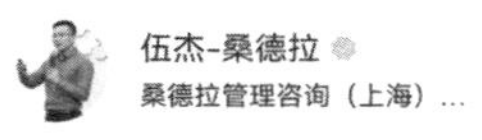

ACKNOWLEDGEMENT

致谢

在这本书即将面世之际，我心中充满了感激之情。首先，我要向 Peter（皮宏如）老师表达我的谢意。没有他的支持，本书的编写工作将难以顺利进行。他不仅提供了宝贵的案例情景和内容构思，还在初审过程中给予我极大的帮助。

我还要特别感谢桑德拉中国的广大客户和学员，尤其是那些我们长期辅导的客户和学员。是你们贡献的真实案例，为本书提供了丰富而生动的素材。你们在现实销售中对桑德拉原则的深入实践和熟练掌握，不仅让我们受到极大的鼓舞，也是推动本书写作和出版的重要动力。

对于美国桑德拉总部，我同样怀有深深的感激。他们对我的支持和对桑德拉中国团队的信任，是我们能够不断前进和成长的坚强后盾。

在此，我也要向贺老师以及桑德拉团队的每一位伙伴致以诚挚的感谢。你们在本书写作过程中所做的内部审校工作，确保了内容的准确性和可读性。你们对我们工作的全力支持，是本书能够顺利完成的关键。

这本书虽由我执笔完成，但它是上述所有人共同努力和智慧的结晶，是我们共同的成果。在此，我向所有为本书付出过努力和贡献的人表示最诚挚的感谢。希望这本书能够为大家带来启发和帮助，也期待我们未来能够继续携手前行。

目录

CONTENTS

Part 1

核心理念篇

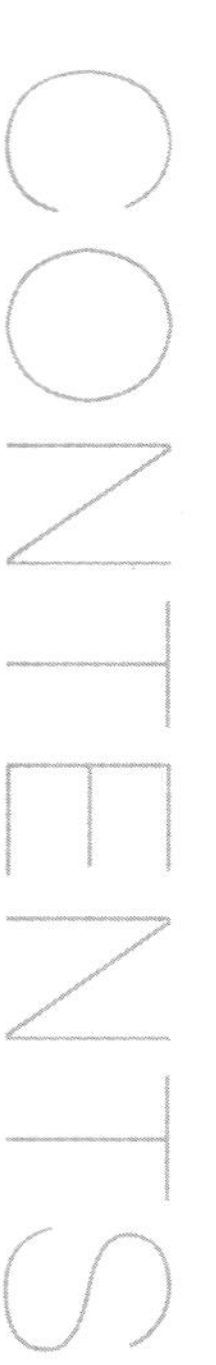

Part 2

客户开发篇

Part 3

拜访前准备

Part 4

丝滑推进

CONTENTS

Part 5

步步为营

Part 6

拜访后总结

Part 7

客户经营与服务

Part 1 核心理念篇

桑德拉销售原则

原则 1
享受销售，才能持续成功

“当所有人都只关心你飞得高不高时，
我们也在乎你飞得累不累”。

销售甲：“方案我都改了三次了，今天客户说还要改，我快崩溃了。”

销售乙：“上次那个 A 客户，我加班熬夜赶出来的策划方案，他直接转给了原来的供应商，你要小心给别人做了嫁衣呀。”

销售甲：“那我也没法拒绝，还是得改呀。”

销售乙：“价格怎么样？”

销售甲：“还没谈那么细，不过他们很抠，肯定会死命压的。”

销售乙：“唉，都这样。”

销售甲：“主要是搞不清楚他们的真实想法，感觉有希望，心里又没底，心好累。”

…… ……

销售丙：“我那个 B 客户，每次都一副高高在上的样子，上次我开车过去，路上花了一个半小时，在门口还等了他一个半小时，聊了 20 分钟就把我打发了。”

销售丁：“后来是不是被你的诚意打动了，应该快签下来了吧？”

销售丙：“没有，一直说要考虑考虑，都三个多月了，一直拖，总是模棱两可不表态。”

销售丁：“他们是大公司，要能签下来应该是大单呀。”

销售丙：“唉，客户都不怎么正眼看我，说实话我真觉得憋屈。”

销售丁：“只要能签单，这些都是小事。”

销售丙：“说实话，我现在对销售好像没那么有热情了，我有时候都怀疑自己不适合做销售。”

飞得轻松，才能持续飞得高、飞得远

销售的世界是以结果为导向的，一切都用数字和结果说话。每个销售人员都背着业绩指标，甚至月月清零，这种压力是一直伴随的。

销售是一个“失败”远多于“成功”的工作。销售人员时刻面对被拒绝的沮丧和窘迫；有时候为了拿下订单，不得不硬着头皮面对客户的冷漠、抗拒乃至刁难；需要察言观色、讨好客户，甚至不得不委曲求全；很多销售人员都会时常感到挫败，甚至感觉“低人一等”。

许多人经历过上述类似的情景，显然销售工作并不轻松。很多时候，就算能签下订单，往往也是付出了“太多”的精力、资源和代价。比如：销售周期过长、价格太低、被客户牵着鼻子走、无力感、难以被尊重和认可，等等。

如果长期处于这样的状态，对销售人员的负面影响是巨大而深刻的：

1. 销售效率低下、业绩不佳；

2. 自信心不足、自我价值感下降；

3. 感觉不到个人的成长、提升，逐渐丧失职业动力；

4. 积压了太多负面感受、情绪，丧失对销售工作的热情，产生职业倦怠。

如果你留心观察身边的“老销售”，往往会发现很大一部分人都已丧失了早期的热情，有些甚至成了“老油条”。

“所有人都只关心你飞得高不高，没有人关心你飞得累不累”这句话在业绩为王的销售世界是非常真实的写照。但是，如果你飞得（心）太累的话，或许正说明你的销售方法效率太低、消耗过大。无法享受销售过程，久而久之，就会导致丧失源自内心的、纯粹的、持续不断的动力与热情，无法支持你飞得高、飞得远。

销售人员只有发自内心地热爱销售工作、
享受销售过程，才能持续成功。

过程、结果双丰收

销售能力是可以被训练的，那些令人羡慕的销售明星，也是从“无名小卒”成长起来的。如同其他技能一样，只要用对方法、持续训练，你终究可以掌握它。

运用职业的、高效的、双赢的销售系统，你可以大幅提升销售效率；而采取真诚的、有尊严的、人性化的销售方式，你将开始迈上“享受销售”的旅途。好消息是，这两者可以完美地兼容。并且，其回报是丰厚的：

- 你将以更少的时间，赢得更多的订单
- 你能掌控销售进程、拿回主动权
- 你会赢得客户的尊重、信赖
- 你可以真实地做自己，无论你的个性特点是什么
- 你的心智将获得成长——淡定、从容、有力量

你将取得物质、精神的双重丰收！

如果你认为那些取得丰硕成果的销售人员，都付出了令人难以忍受的痛苦。那么你要小心了，这是一个限制性的信念（参考*原则 7　清除头脑里的“垃圾”*）。事实上，那些取得长期成功的销售人员，恰恰是能乐在其中、享受销售过程的人。至少在桑德拉，我们见证了数以万计的销售人员，以职业而高效的方式享受到了成功的喜悦，也享受到了销售过程中的尊严、力量、自主、自信、满足感，获得了客户的认可、信任、感激等。

关联知识点

- TA 交互心理学
- 本体/角色（I/R）
- 买家系统 vs. 卖家系统

关联原则

- 原则 6　协同发展“成功金三角”
- 原则 7　清除头脑里的“垃圾”
- 原则 8　你的内在自我价值感决定了外在表现

思考题：

以 1 ~ 10（10 最高）打分，分别评估你自己的销售热情和销售业绩。

行动：

针对你当前的实际销售状况，列出你喜欢和享受的部分，以及不喜欢/不享受的部分。

原则 2
别再用传统的“卖家系统”

小丽的公司为产后康复门店提供修复产品，并派驻技师协助康复门店面向产后的女性客户销售自家产品和服务。在一次行业会议中，小丽认识了经营产康门店的老板李总。

李总：“现在新生儿的出生率下降，我们的经营业绩也不如以前了。”

小丽：“今年我们还是帮很多门店实现了逆势增长。”

李总：“现在到店的新客人越来越少，以往进的一些产品还有好多库存积压。”

小丽：“其实这些都是表象，问题的关键点是客户觉得没效果，不愿意来，项目效果达不到，员工对于给客户推荐项目也会有心理压力。您需要重新规划店里的品项，进行删减优选。我们在产康行业积淀 10 年了，因为我们的项目终端客户满意度很高，能够拉高客户的消费金额，所以很多门店都愿意跟我们合作。李总，我去您的门店考察一下，相信我们肯定能帮到您的。您下周一还是周二比较方便？”

李总：“最近店长有些忙，我回去先跟他沟通一下。”

接下来的一个月，小丽几次主动联系李总，提出去拜访和沟通，都没有成功。小丽也只能保持礼貌性的互动。

又过了三个多月，李总主动联系小丽，说想要做母亲节系列活动，希望能够提升门店的到客量、提振业绩。他邀请小丽前去沟通，希望能促成一些合作。

小丽心想“功夫不负有心人，终于等到了机会”。她先通过电话对李总的门店情况进行了解，并且询问了李总的需求。

到了约见时间，小丽带上公司的资深技师，开了 3 个半小时的车，去到李总所在的城市。小丽详细地讲解了相关方案，包括品相优化的内容、邀约客户到店和服务的一体化流程、公司能够提供的现场支持服务等。小丽也请技师进行了现场演示，还为李总门店的销售人员、理疗人员、店长详细解答了关于疗效、客户满意度、技术、服务、员工培训等方方面面的问题。

传统的“卖家系统”

在培训课堂上，每次我都会问学员一个问题：“你们的销售方法是怎么样的，有哪些步骤”？学员们来自各行各业，他们的客户类型各式各样，销售周期长短不一，订单金额也有大有小，虽然在具体的操作方式上略有差别，但基本都包含了以下几个主要的步骤。

第一，引起兴趣/了解需求。如果销售是主动出击去寻找客户，就先激发客户的兴趣。大多数人使用的方法是通过自己公司辉煌的历史、典型的成功客户、独特的优势等来激发客户的兴趣。如果客户找上门来，则是快速了解客户的需求、要求，希望达到的效果等。这个阶段，销售人员往往表现出“积极”“主动”“热情”的状态，他们觉得要“创造机会、抓住机会”。

第二，展示产品/方案。销售人员会详细地为客户讲解产品或者方案，也会重点强调自己的优势、卖点、独特性和价值。并回答客户进一步提出的问题或者与之相关的疑虑、反对意见。这个阶段，销售人员往往“很努力”，他们说得很多，流露着对自己产品的自信和得意。

在前面两个阶段，销售人员内心都是积极的、有动力的，感觉希望就在眼前，只要努力地去追逐，胜利就在前方。在开篇的案例中，小丽也走过了这两个阶段。

感觉互动氛围不错，小丽趁机问李总想要第一批定多少货，李总回答说需要几天时间“综合考虑一下”。

一个礼拜以后，小丽并没有等来李总的订单。

小丽主动致电李总，告诉他如果能在月底之前签约并达到某个采购量，就可以享受额外的折扣优惠。

又过了几天，小丽仍然没有等到李总的肯定答复。

小丽抛出了新的诱饵——为李总提供额外的三天免费驻店支持，协助他们完成客户的到店转化工作，并表示会派出公司最好的技师。

第三，试图成交。经过前两个步骤的努力，这个时候销售人员开始尝试收网、关单。他们或直接要求订单，或委婉地暗示客户。如果运气好的话，有一些人会得到订单。但大多数时候得到的是诸如“我考虑考虑”或者其他含糊不清的答复。

第四，持续跟进。销售人员被教导要像战士一样，绝不轻言放弃。他们想尽办法跟客户保持联系，找各种各样的理由跟进客户。

在桑德拉，我们把以上这套方法称为传统的“卖家系统”。令人遗憾的是，直到今天，大多数销售人员还在这个逻辑框架下做销售。

不要“总是在成交”

对许多销售人员来说，传统的销售方式不仅效率低下，更令人感到迷茫、痛苦：

- 面对每次机会，都得“充满热情”
- 要不停地说、说、说：展示、说服、辩解等
- 需要不断做方案、改方案，希望能打动客户
- 得一直“追”着客户跑
- 拼尽了全力，最后却可能面临无限的等待和迷茫

- 让客户感觉压力重重
- 你的内心也充满压力、焦躁、不安

你如此努力、全力以赴，甚至委曲求全，但心里一直没底，不知道什么时候能成交。回头看，收获寥寥无几。

对客户来说，面对使用传统销售方式的推销员，购买体验实在令人不太舒服。传统的卖家系统底层有一个出发点——总是想快点成交。一些有经验的销售人员可能会处理得更圆滑一些、隐藏得深一些。但只要仔细观察，客户总是能发现这一点，它是自私的，也是令人不悦的。

客户从孩提时代就开始买东西，他们无数次地看到、体验到、应对过这类传统销售套路，对此已经非常熟悉。甚至销售人员刚说上半句话，客户就知道你下半句要说什么，这就像你穿着“皇帝的新衣”在客户面前卖力表演。客户早已积累了有效的方法、丰富的经验来应对。（参考*原则3　跳出“买家系统”*）

所以，放弃这套吃力不讨好、让客户和你都不舒服的传统“卖家系统”吧。你可以与客户实现共赢，做到结果（业绩）和过程（精神/心灵）的双丰收。

关联知识点

- 买家系统 vs. 卖家系统
- 采购阶段
- 事先约定

关联原则

- 原则3　跳出“买家系统”
- 原则4　总是在甄别，而非总是在销售
- 原则14　反其道而行之，做不一样的事情

思考题：

1. 你的销售方法在本质上属于“传统的卖家系统”吗？

2. 作为购买方时，你能识别传统的销售方式吗，你又是如何对付它的呢？

行动：

观察你身边能接触到的所有销售人员，看看他们是否正在使用“传统的卖家系统”，客户又是如何应对他们的，由此给销售带来了什么麻烦。

原则 3

跳出“买家系统”

在一次家装展上，客户走进了一个家装公司的展位。

销售 A：“我们既有全屋整装，也有家具零售，您这边以后考虑一站式整装，还是软装跟家具分开？”

客户 A：“我们还没想好。”

销售 A：“月底我们正好有活动，到时候邀请您和夫人来店里看看。”

客户 A：“时间上暂时定不了，我要跟太太商量一下。”

…… ……

销售 B：“陈工您好，我是 ××× 公司的，我们的冷却液服务了很多像您这样的客户，尤其是帮助他们生产航天航空配套器械的时候……想认识您一下，希望以后有合作的机会。”

客户 B：“我们这方面有很成熟的供应商，目前使用也很满意。”

…… ……

客户 C：“我们准备在年前上模拟软件，目前在调研各家公司，其中一项就是看软件的准确性，我们发你一个项目你们测算一下，我们看看跟我们实际要求是不是一致。”

销售 C：“那太好了。”

强大的买家系统

如果有人跟你说，客户已经发展出了一套买家系统，是专门用来对付销售人员的，你会感到惊讶吗？客户从孩提时代就开始买东西，他们接触到了许许多多的销售人员。令人遗憾的是，大多数销售人员留给客户的印象并不好，客户对销售人员有天然的防备心理。（参考*原则26　千万，千万别像个销售人员*）。于是，客户发展出了这套买家系统：

第一步，误导你。客户会尽量少或尽可能不告诉你关于他的有效信息，他们甚至故意误导你。他们这样做是为了自我保护，因为客户天然对销售人员充满戒备。也可能是为了实现其他目的，比如获取免费资讯和服务。

客户“撒谎”（误导）可能有两种情况：第一，表示不感兴趣；事实是，当你能够被他信任，或者给他提供足够好的条件时，他会感兴趣的。（参考上文客户 A，B）第二，表示很有兴趣；事实是，他可能只是来套取信息，或者让你做一些“不用付费”的工作。

正如上文中客户 C，他可能有个临时的模拟测试要做，并非真的打算买软件，但是用这个方法，可以让你帮他免费做。如果你真的为了“拿单”而帮他做了测试，他会想方设法要到你的报告。比如：

客户 C：“我需要把报告改改，发给几个部门领导进行汇报，你给我一个可编辑版本的。 有哪些需要注意的要点，你写上去。最好写上改进方向，这样你们的报告会比其他家的报告更有说服力。”（这是我们辅导的实际案例中，来自客户的原话。）

第二步，获取免费资讯。为了做出正确的购买决策，客户需要很多的资讯。比如市场行情、技术发展趋势、方案设计、各家产品的优劣势、价格、优惠政策、样品、赠品……这些对客户都是有价值的。

客户套取你的资讯，可能是为了更好地完成他的现有工作（客户并不打算从外部购买）；也可能是为了向他现有的供应商压价（客户并不打算换供应商）；又或者是找到不同供应商的弱项，以迫使他们在相互竞争的压力下，不断让价（客户想获得最低价）。

客户 D：“麻烦你们带着工程师来我这里实地考察一下，根据我们的需要，做一份符合我们工况的方案。”

客户 E：“你们的方案还是蛮专业的。只是，针对我们的化工车间，需要防静电、防颗粒粉尘，新风系统需要能够结合通风和降温的效果，你能不能再做一些修改呢？”

在这个阶段，很多销售人员都希望以“专业”来打动客户，而客户也恰好获得了免费咨询（参考*原则 18　不要把糖果撒在大堂*）。当客户获得了他想要的信息，“游戏”就会进入下一个阶段。

客户 F：“我还是很喜欢您家产品的，我也会向老板优先推荐你们。”

客户 G：“目前几个供应商比较下来。你们的技术优势不太明显，而且在行业案例上还比另外两家单薄，价格却比别人高了一大截。”

第三步，不做承诺。面对客户这样的回复，你该感到高兴（客户 F），或是悲观（客户 G）呢？事实上，你根本搞不清真实的状况。客户可能会给你一些积极的信号，也可能会给你一些消极的信息。这都是客户有意而为之，他会让你感觉到“还有希望”。

客户依然有着自己的目的：要么从你这里继续套取进一步的免费资讯，要么借助供应商之间形成的竞争氛围获取最大的好处。不管怎么样，你都很难从客户那里得到一个明确的承诺。你可能只会得到诸如“我需要再考虑一下”“我们内部还在讨论”等此类的回复。

第四步，消失不见。慢慢地，你会发现客户跟你的联系不那么紧密了，邮件、信息回复也不那么及时了，甚至开始回避接听你的电话了。

这就是客户用以对付销售人员的方法，它非常强大，让客户能牢牢占据主动权。

你采用过类似的“买家系统”去对付那些难缠的销售人员吗？你的客户也经常使用这套买家系统来对付你吗？

更强大的系统会胜出

如果你记得传统的“卖家系统”中大多数销售人员的销售方法和步骤

（*参考原则 2 别再用传统的“卖家系统”*），你会发现它在与客户的“买家系统”博弈时是完全没有招架之力的。销售人员会被客户牵着鼻子走！如果你还陷在传统的卖家系统框架之中，那么无论你多么努力地去修补和精进，也是永远无法胜出的。

怎么办？你需要一套全新的销售系统，一套全新的“游戏规则”。桑德拉的销售系统能够提供这样一种选择，它让你不要站在客户的对立面，而是站在客户的侧面，协助他购买。这样既提高了双方的效率，也让买卖双方的互动体验更顺滑、更愉悦。

关联知识点

- 买家系统 vs. 卖家系统
- 采购阶段
- 事先约定

关联原则

- 原则 2 别再用传统的“卖家系统”
- 原则 4 总是在甄别，而非总是在销售
- 原则 26 千万，千万别像个销售人员

思考题：

为什么说传统的销售方式会激发客户使用“买家系统”对付销售人员？

行动：

回顾某个你曾陷入客户的“买家系统”的案例，分析当时你每一个动作背后的心理状态，是什么原因导致你陷入了“买家系统”？

原则 4
总是在甄别，而非总是在销售

此前两条原则分别探讨了传统的“卖家系统”和“买家系统”。我们知道在买家和卖家的博弈中，销售人员往往是处于劣势的一方，极为被动。

究其原因，是因为传统的卖家系统的出发点是“总是在成交”，这是自私的，也是令客户不悦的，从而导致了销售效率的低下。有没有一种更平等、更高效的销售方式，让买卖双方都更舒服呢？桑德拉的潜水艇销售系统提供了一种答案。

协助客户购买

人们喜欢购买，但不喜欢被销售。我们必须转变思路，不要去“卖”，而是去帮助客户“买”。

客户购买的想法是怎么产生的呢？是因为客户对于现状不满意、不满足。所以，客户需要先意识到“差距”和“不满”（认为现状存在问题，或者应该变得更好），然后客户还需要回答：

- 这个问题需要解决吗？
- 不解决会有什么后果？
- 需要立刻就解决，还是可以缓一缓？
- 是什么原因造成了问题的发生？
- 潜在解决方案应该是什么样子？

这些问题，恰好对应桑德拉销售系统“痛”的模块当中，“痛”的“症状”

表现、原因及影响。换言之，当销售人员在使用桑德拉销售系统与客户探讨“痛”的时候，也就是在协助客户想清楚这些问题。

销售人员：“通常导致销售新人上手慢这个问题的原因可能有：①缺乏统一的业务语言和流程；②缺少精细到最后一步的业务操作手册、工具；③辅导机制没有落实到位。据您的观察，您这边的原因可能会是什么？”

客　　户：“我感觉主要是②、③这两条。”

销售人员：“那什么在阻碍您的公司做出精细的业务操作手册呢？”

…… ……

就是在类似这样的对话当中，客户对于问题所造成影响的认识越来越具体、明确，对于导致问题的原因也越来越清晰。

协助客户购买，还包括同客户一起评估他所需投入的资源、精力、金钱；以及协助客户建立做出决策的标准，乃至共创解决方案。以上部分，正好对应潜水艇销售法当中的“预算”“决策”“解决方案”模块。

销售人员：“通常解决这个问题有两种思路，X 和 Y，您觉得哪一种更符合您的预期呢？”

客　　户：“我也有点儿拿不准。”

销售人员：“X 成功的前提条件是 a，Y 成功的前提条件是 b，我们一起来分析一下您公司现在 a 和 b 的状况……”

在达成销售合作意向后，还需要防止意外情况导致变故，尽快锁定订单，确保客户交付顺利，乃至为后续拓展业务、要求转介绍做好铺垫，这些都是“后售”环节要做的事情。

当然，为了顺利推进整个销售的进展，需要“亲和信任”“事先约定”“提问技巧”作为润滑剂，它们是需要贯穿整个销售进程的。

勇于发现真相

当你抱持“了解真相”“甄别机会”的底层心理出发点，你会更放松，你的动作会更自然，你会问出一些“有勇气”的问题，你会发现更多“真相”。而当你抱着“努力成交”“搞定客户”的心态时，你的内心会很焦躁，你的动作会变形，你也会陷入“买家系统”。

销售人员 A：“听起来这个问题其实并不严重，应该对您的影响不是很大，我很好奇您为什么要在这时候解决，毕竟也需要不少投入。”

销售人员 B：“您的要求应该不算难，您现有的供应商也能解决，对吧？”

销售人员 C：“看起来，对于可能需要的投入和预算，咱们双方的预期差距较大，似乎很难达成合作的可能，您觉得呢？”

总是在甄别，而非总是在成交

如果遵循桑德拉销售系统，在协助客户购买时，你是站在客户的侧面给予他帮助和支持，而不是站到客户的对立面进行高压销售。这么做，只对客户有好处吗？不，这对销售人员也大有益处。

在这个过程当中，一方面，你在协助客户厘清他的想法：

- 是否有必要（尽快）购买
- 造成问题的原因是哪些
- 应该买具有什么特性的产品
- 大概需要花费多少钱
- 通过哪些步骤来做出购买决策

…… ……

另一方面，你也能够清晰地辨识出：

- 客户是否有足够的决心解决这个问题
- 客户需要的、期待的解决方案跟你的产品（独特性）是否匹配
- 客户是否准备好了投入相应的金钱、资源
- 客户的决策流程、标准是否合理

…… ……

如果发现双方不匹配，你可以做出必要的调整，让双方“契合”；或者尽早主动退出，转而去追逐其他的销售机会。在桑德拉销售系统中，“痛、预算、决策”构成了甄别业务机会的三大模块。

如果一个机会根本就不合适，最好不是在出差拜访了 5 次客户、改了 3 版方案、经过 6 个月之后，才发现这从一开始就是一个“不匹配”的机会。主动发现真相、面对真相，尽快淘汰那些本来就不合适的“机会”，才可能更有效率地拿下那些“匹配”的机会，以及有能力转化那些“可争取”的机会，这才是顶尖销售的成功之道。

当你抱着甄别的心态开展销售工作，就不会像一只无头苍蝇一般到处乱撞。相反，如同安装了高精度的导航仪，你的销售效率将大幅提高。

当你遵循这套系统和流程，你的内心会变得更加淡定、从容、有力量；而你的外在表现也会更加真诚、优雅、可信赖。

关联知识点	• “痛”的拼图、“痛”的漏斗 • 预算、决策 • 事先约定
关联原则	• 原则 31　允许客户说 No • 原则 37　没有“痛”，就没有销售 • 原则 43　不要逼单，学会与客户共舞

思考题：

当你抱着“甄别”业务机会的心态，你的行为可能会有什么变化？

行动：

回忆一个让你特别欣赏的专业销售人员，他的哪些做法符合“协助客户购买”的原则，客户的反应又是怎样的。

原则 5

高压销售有时也能成单，但不代表它有效

“大哥，健身吗？经常健身不但可以保持旺盛精力，也能让自己保持好的体型。”

“不用了，谢谢！”

“您体验一下呗，我们的设施齐全，如果需要教练，还有退役的全国冠军为您辅导。”

“真不用。”

“大哥，现代都市人很多都处在亚健康状态，猝死、癌症发生比例很高。保持身体健康非常重要啊。我看您下班后从地铁站走过来的，家离这儿应该不远，下班后健身多方便啊。我带您去看看吧，反正几步路的事儿。”

…… ……

“高压销售”，经常藏在温柔的表象下

你可能会说高压销售是过时的销售方式，很多公司和销售人员都已经采用“咨询式”或者“顾问式”销售方式了，他们努力成为潜在客户的“伙伴”，提供专业价值，帮助客户解决问题。

理论上，你说得很有道理。实际上，我们发现许多“顾问式”销售人员，采用的还是“高压销售”方式，只不过换了一种表现形式而已。

“高压销售”不一定表现为咄咄逼人、盛气凌人，死缠烂打。

“高压销售”的潜台词是“我的产品特别好，你应该买，你不买是你没意识到我产品的价值，我不会放弃”。它可能表现为迫不及待地处理反对意见、极力辩解、不接受客户的拒绝、以自我为中心等——尽管表面看来销售人员可能“并不强势”。

虽然很多人在谈论“顾问式”和“咨询式”销售，但他们忽略了客户的真正关切点；他们还在依靠或围绕以下几点进行销售和展示：

- 公司成功的、辉煌的历史
- 产品或服务的功能特征、好处以及独特的卖点
- 产品的可靠性
- 行业内知名客户的评价

销售人员往往在这些方面做足文章，试图诱导客户去做出购买决定，但他们并不知道客户购买行为的真正动力。

这是一家啤酒厂家的招商业务员和潜在代理商的对话：

> “我们这个品牌的啤酒是德国原装进口的。之前都是通过进口商进口，今年开始在国内招代理，所以对代理商是全渠道开放的。销售模式也很灵活，而且不同类型的酒我们都有，总有一种适合您。我们一般建议您先开个精酿啤酒生活馆，再跟社区合作，走社区路线，接下来就是跟餐饮娱乐场所合作。代理我们这个品牌的啤酒在国内市场具有非常广阔的空间，而且合作门槛也不高，才 20 万起。以您现有的资金和渠道资源，完全是一桩只赚不赔的生意……”

有人可能会觉得这是一个顾问式销售，是站在帮客户赚钱的立场来帮助客户发展生意。但如果仔细品味，还是能嗅到很明显的“高压”味道——以自我为中心的卖点宣扬和劝说。

客户基于他的理由购买，不是你的理由

如果销售人员的销售方式是围绕着自己的各种理由（通常简称为FAB，也就是特性、优势、价值）让潜在顾客去购买，即使态度并不咄咄逼人，也仍然是“高压销售”。即便最终成单，销售人员可能根本不知道客户购买的真正理由。这种成交更多是因为客户的确有需要，而不是因为“高压销售”的方式很有效。

“咨询式”或“顾问式”销售的本质应该是协助客户评估购买的必要性，跟客户一起分析他遇到的问题背后的原因，根据客户的状况，协助客户建立、梳理购买时应该选择的标准，将这些购买理由和自身的产品连接起来，而不是从销售人员自己的理由出发去推销。

同样是这家啤酒代理招商业务人员，如果是真正站在客户的角度，不采用高压式销售的方法，他可以尝试这样对潜在客户说：

> “通常情况下客户选择厂家，主要有几个关注点：第一，是品牌在消费者中的认可度要高，这样不会导致库存积压到自己手上，赚不到钱；第二，是看重啤酒的工艺和品质，不用担心影响长期口碑，导致市场越到后面越难做；第三，则是运营方式和合作模式，比如服务支持到位，考核管理简单明了，没有太多琐碎的事情。不知道您的关注点是什么，我们可以交流一下，看看我们之间是否彼此合适、匹配。”

由此，销售人员可以开始探索客户的购买理由。

“高压销售”导致客户充满戒备，不愿分享关键信息，只是一味地获取信息或者不断压价，启用“买家系统”来对付销售人员。最终的结果是，销售人员要么大费周折、一无所获，要么事倍功半、身心俱疲。

所以，虽然“高压销售”有时也能成单，但并不代表它有效。

关联知识点

- 典型成功案例
- 30 秒广告
- 亲和信任

关联原则

- 原则 26　千万，千万别像个销售人员
- 原则 36　停止兜售 FAB（特性、优势、价值）

思考题：

一个语气柔和甚至“低声下气”的销售人员，为何也可能会“高压销售”？“高压销售”有何弊端？

行动：

想一想你要停止哪些“高压销售”行为，开始哪些真正的“顾问式”销售行为？

原则 6
协同发展“成功金三角”

“说一下你们在管理销售团队的时候，困扰你的一些具体问题”。在一次销售管理的研讨会上，我提出了这样一个话题。

“我们团队的小刘，勤勤恳恳，公司要求的客户拜访次数从来都是超额完成，销售培训技巧课也参加过好几个，我感觉他理论也学得不错。但不知道为什么，他的业绩就是不好，客户好像总是会有意无意地为难他；他自己也不自信，软绵绵的。但是他特别认真，做事也不敷衍，我对他一点办法都没有。”（A）

“我们公司有一个销售员小张，每次都问不到客户的预算，我们教了不少方法，对别人都管用，就是他总不行，经常因为价格问题丢单，好不容易成的单子，也都是贴着底价成交的。”（A）

“我的一个小伙伴小陈，让他打陌生电话，简直跟要了他的命似的，紧张得舌头都捋不直，要不是看他态度良好，人也勤恳听话，我早就开掉他了。”（A）

“我的问题和你们不太一样，有个很有经验的销售员老赵，技巧很不错，处事也老到，但就是很懒散，三天打鱼两天晒网。尤其对于开发新客户，更是完全随心所欲，我用了各种激励手段，还是那个不温不火的样子。”（B）

“我们的一个成员小李，就是没有目标感，踩西瓜皮似的，踩到哪里算哪里。”（B）

“我们的销售员小秦，总是被客户牵着鼻子走，做了多少免费方案，成交的寥寥无几。”（T）

环环相扣的“成功金三角”

一提起销售人员的训练，很多人都会想到技巧的训练，或许也仅仅想到了技巧的训练。的确，技巧是销售人员获取成功非常重要的一环。但想要成为优秀、卓越的销售人员，取得持久成功，仅仅有技巧是绝对不够的！何况，市面上充斥着某些看似“精明”的技巧，甚至会让人误入歧途。

在桑德拉销售系统中，有个“成功金三角”，包括态度（Attitude）、行为（Behavior）和技巧（Technique），如图6-1所示。

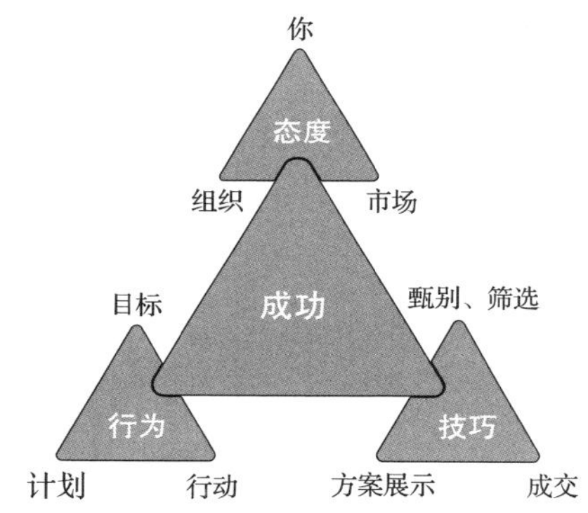

图6-1　桑德拉“成功金三角”

说起态度，很多人脑海里可能会浮现出在传统的销售培训中，某些老师昂首挺胸、振臂挥拳的情景。又或是那些听起来激励人心，却又虚张声势、空洞无物的“心灵鸡汤”。有人说“鸡血和鸡汤，都不能停”，但是，“鸡血”和“鸡汤”都不是内生的、持久的动力，自然也不会起到长久的效果。

桑德拉销售系统中的态度三角，可以进一步分解为组织、市场以及“你”（销售人员）三个维度。它包括更深的层面：你的信念、你的自我价值感、你的内在恐惧等。如前面的例子：小刘属于自我价值感不足（内在下意识深层认为自己不够好、不值得），这也影响着客户对待他的方式；小张尽管学习了挖掘客户预算的方法技巧，但或许他关于金钱的内在认知、信念和价值观影响了他在销售中的表现，技巧也就无法真正使用；小陈内在的恐惧令他无法有效地使用所学的技巧。这些内在的“态度”，都影响和抑制了他们的行为、技巧。对于态度的提升，教练辅导是一种有效的方式。

行为方面的影响可以进一步分解到目标、计划和行动三个维度。前文案例中，老赵的问题在于行为管理不稳定，而小李则是缺乏明确的目标管理。值得注意的是，小李不一定会认同公司的业绩目标，甚至可能抵触。只有当小李清楚如何去实现目标、觉得自己可以掌控时，他才会有动力去努力，否则目标只会给他带来压力。

此外，一个人的自我价值感（态度）也会影响到他的目标和行动（行为）。试想，一个总是认为自己不够好、不值得的人，怎么会自动自发给自己制定高目标呢？怎么会为有挑战的业绩目标兴奋呢？相反，他可能已经在旁边为指标愁眉苦脸了。

技巧层面，也可以分解为更多的小三角。前文例子中的小秦，就属于不懂得如何避免做免费咨询、不懂得控制销售的进程。

试想一下，如果一个销售方法是让你不停地“秀肌肉”“逼单”或者是其他一些“精明”的“挖坑”技巧；或者是鼓励你讨好客户、委曲求全，乃至跪着也要签单。你在内心深处会怎么看待自己呢？对你的自我价值感会造成什么影响呢？

事实上，桑德拉的成功金三角是一个浑然的整体，态度、行为、技巧之间相互关联，彼此影响，销售人员必须协同发展。

系统的力量

坏消息：一直以来，许许多多的销售人员（和管理者）都在片面地追逐技巧，而且其中很大一部分是那些“不懂人性”“没有根”的技巧。那些会降低销售人员自我价值感和尊严、磨灭职业热情、给客户带来压力和反感的技巧。这就如同修炼“葵花宝典”，或许能够使你在短期内提升武力值，但长远来看，终究是害人害己！

好消息：桑德拉的方法论整合了这三个维度的修炼，只需要遵循一些简单的准则，就会自动校正你的态度、行为、技巧。比如：一条简单的准则——允许客户说 No，在态度层面需要你破除匮乏感、建立自我价值感；在行为层面需要你有稳定的客户开发行为管理、销售机会推进的动作标准；在技巧层面则要能够综合运用亲和信任、事先约定、消极反向提问等技巧。同理，“谈预算”的技巧，背后也涉及对金钱的态度、配得感问题。

如果技巧没有与之匹配的行为和态度来支撑，很可能仅仅是听着有道理的一句空话罢了，因为销售人员可能根本不愿意做、不敢做，又或者缺少足够的、自发性的承诺和行为，因此真正能落地的少之又少。这就是为什么许多培训听着有道理，实际却很难应用的重要原因之一。

在实践中，我们观察到参与桑德拉实战辅导（比如“黑带高手”项目）的同学，比只学短期课程的同学，效果能好出 3 倍以上。因为在短期课程中学员只需要“听”，没有检验可否“用”。但在实际项目的运用和辅导中，他们在态度、行为层面的弱点都会自动浮现（或者被老师挖掘出来），得以被修正。这样才能帮助学员真正实现由内而外的深刻转变。

关联知识点

- 成功金三角
- 本体 VS 角色
- 成功食谱（Cookbook）

关联原则

- 原则 10　你无法管理不在掌控中的事情
- 原则 42　你值得
- 原则 47　有效复盘才是成长的关键

思考题：

态度、行为、技巧是如何协同作用的？

行动：

评估一下你的态度、行为、技巧，列出其中可以改进的点，并至少采取一项实际行动。

原则 7
清除头脑里的“垃圾”

“我观察到在和客户将近一个半小时左右的会谈当中，你没有试图去触碰客户的痛点，去了解他的业务的实际状况。你是出于什么考虑呢？”

“我们的冷却液是一种常规的消耗品，行业内其实每一家产品都有优势，也都有不足。如果客户愿意用我们的，他总会找到理由；如果客户不愿意用我们的，他无论如何也是会找出毛病的。所以根本不需要去跟客户谈产品、谈技术，只需要搞好关系就可以了。”

在一次跟随业务人员 J 陪同拜访后，J 是这么回答我的。他日常唯一的销售方式就是“搞关系”，几乎没有运用任何我所培训的技巧（他们团队都是先接受培训，再接受强化训练及陪同拜访）。

而这个公司的销售负责人对此却有着不同的看法：

“在低端制造行业，的确有大约 30% 的客户是像他所描述的那样，产品性能和差异影响不大。但即便是这一类型的客户，也并非对他的现有产品都满意，也仍然是有痛点的，因为客户往往不止一条产品线，加工工艺要求高的时候，就需要用到我们的产品。我们其他的销售 M，T，K 都成交了很多这样的订单。”

“另一方面在许多高精尖行业，比如航空、军工、精密电子等，技术要求很高，我们产品的优势很明显。”

世界是我们内心的投射

事实上，我还陪同该公司其他三位销售人员去拜访客户，他们的进步都很大，只有J几乎完全没有使用课堂所教的任何技巧和方法。显然，问题不是出在方法和技巧上，而是出在态度、信念和认知上。

很多时候，妨碍我们取得成功的并非外在客观条件，而是我们的认知、信念。我们有一些坚信不疑的信念（不管你是否觉察到了），也有很多的自我对话。它们决定了我们的生命状态、工作表现以及外在成果。上文案例中的这位销售人员J，他的信念是“产品不重要，关系决定一切”。这个认知决定了他的行为，他甚至没有对所培训的方法进行任何尝试。

销售人员在实施销售行为的时候，脑子里面一直都有内心对话。

> “这该死的前台，总是不帮我转接电话，态度冷淡不说，还把我像犯人一样审一遍。”（前台是销售人员的敌人）
>
> “客户是上帝，对客户最好有求必应，有些事我能忍就忍了吧。”（要讨好客户，才有机会）
>
> “和客户事先就约定好见面时长、会谈主题，甚至要求他们提前做准备工作？开玩笑吧，客户愿意给我见面的机会就不错了，我哪里还敢跟他提这些要求啊？”（销售人员没有权利跟客户提要求）
>
> “客户肯定希望价格越低越好啊。我必须得报有竞争力的价格啊。”（客户会买最便宜的）
>
> “去约老板？这么大老板，他不会关注这么小的买卖的。”（我跟老板不在一个层次，老板不愿意见我）

我们都带着自己的信念来看待外在的世界，就如同戴着不同颜色的镜片看风景。这些过滤镜片，就是我们的信念、内心对话。你的销售世界之所以是蓝色的，是因为你的“信念镜片”是蓝色的。而在另一个人眼里，它可能是红色的，因为他的“镜片”颜色不一样。

突破你的限制性信念

限制性信念对销售有很多负面影响。在我们实战辅导中，经常会发现阻碍销售人员取得成功的不是他不了解技巧，而是信念的障碍令他根本无法用出这些技巧。要想成为顶尖销售，享受销售这份职业，就必须不断发现、破除自己的限制性信念，清除头脑里面的“垃圾”。

而教练，则是有效的解决方式之一。在桑德拉“黑带高手”的长期辅导和训练中，真实的销售案例提供了一个媒介、一个场景，教练则如同一面镜子，让销售人员“看见”自己，从而可以做出有意识的选择和改变。

信念决定了态度，态度决定了行为，行为决定了结果。追本溯源，找到信念上的局限，清除这些“垃圾”，我们的销售会更轻松，更有效。生活中亦是如此。

关联知识点

- 自我预言循环
- 内在对话
- 童年剧本

关联原则

- 原则 8　你的内在自我价值感决定了外在表现
- 原则 42　你值得
- 原则 41　大大方方地谈钱

思考题：

在你（或身边同事）的销售工作中，有哪些限制性信念在妨碍你（或他）取得更大的成功？

行动：

回想你认识的销售明星，他们在看待市场、公司和客户的观点上有何不同？哪些值得你学习？

原则 8
你的内在自我价值感决定了外在表现

小张和小陈都就职于一家来自欧洲的外资企业 S，S 公司销售工业传感控制系统及配套产品，专业门槛比较高。

小张本科毕业后先是在一家小公司工作，去年转投到 S 公司。 小张的英语能力一般，专业积累也不足。但是小张自己倒是蛮乐观，蹩脚的英语似乎并没有打击他的自信心，他相信自己“迟早会做好的”。销售中面对客户，小张也总是表现得不卑不亢，有礼有节，尽管有时因为专业积累不足而碰壁，但他也不气馁、不消沉，继续踏实积累，不断尝试。

小陈是一名毕业于 211 院校的研究生，他很懂技术，英语能力也不错。小陈之前在 S 公司研发部门工作了三年，两年前携技术优势转岗做了销售。但小陈好像缺少了一点“精神头”，他总是很在乎别人的评价和看法，甚至有些自卑，别人对他的一丁点不认可，都会让他感觉很挫败；他似乎不太确信自己的价值，身边的人夸他的时候，他也觉得别人只是“客气一下”。销售过程中小陈对客户可谓有求必应，有时面对客户提出的苛刻要求，他也没有勇气拒绝，总是“默默承受”。而每次面对客户的拒绝和丢单，他都需要很长的时间来进行心理修复。

18 个月以后，小张成了公司顶尖的销售代表，获得了公司的优秀员工欧洲旅行奖励（可带家属）；而小陈则一直处在销售排位的末端，进入了人力资源部门的“要么提升，要么辞退”名单。

本体 VS 角色

本体（Identity）是关于内在的“我是谁”，角色（Role）是关于外在的“做什么”。两者之间有着重大的差别。

试想一名婴儿呱呱坠地，在父母的眼中，作为一个个体、一个纯粹的人，他/她是如此完美的存在。他/她的价值不依赖于外在的角色和表现。此时此刻的他/她是完美的、圆满的。换言之，他/她的本体（I）是 10 分。

真正的你（本体）也一样，天生就是满分——10 分。

随着你慢慢长大，你将扮演越来越多的角色：幼龄孩童、小学生、足球队员、班干部、乐队成员……在这个过程中，你是否曾听到以下类似的问题：

“你的饭吃干净了吗？”

“你的书包收拾好了吗？”

“你考试考得怎么样？”

“你今天准时参加训练吗？”

“你找到好工作了吗？”

“你的订单签下来了吗？”

慢慢地，身边的人和整个社会开始用外在的角色表现来定义你的价值。在不知不觉中你接受了这些标准，你不再认为自己是 10 分，而可能是 8 分，5 分，甚至 2 分。

我们的内在自我价值感就像一个自动控制系统，调节着我们的外在表现。如果自我价值感高，我们就会表现出自信、自尊和自强，无论环境如何，都会努力让外在表现与内在价值相匹配。自我价值感高的人，身上有一种“赢家”特质。反之，若自我价值感低，我们可能表现出自卑、自我怀疑和否定，外在的表现自然也不会好。自我价值感低的人，身上流淌的是“输家”特质。保持健康的自我价值感是成功的关键，但在许多销售培训中，往往只重视技能传授，而忽视了销售人员内在的心理状态。销售人员并非“输入－输出”

的机器，他们是有血有肉、有情感、有思想的“人”。销售人员的内在自我价值感，必然会影响他外在技能的发挥。

学会失败，才能获胜

对于销售人员来说，如果能达到30%的签单率，那就是非常出色的高手了。这意味着大部分时候，他们都会面临“失败”，订单没拿到是更大概率的事。更别提在开发新客户时，可能十次尝试有八九次都会失败。所以，“失败”可以说是销售人员工作的常态。因此，销售人员必须学会坦然面对失败，以及失败带来的种种负面情绪，比如压力、自我怀疑、恐惧等。这里面的一个重要技巧就是要明白自己的本体和角色的区别。否则，销售人员即使知道有些事是对的，要多做，却做不到，或者没有力量去做。比如：

- 持续稳定地进行新客户开发（包括拨打陌生电话）
- 以恰当的方式问出“有压力”的问题
- 自尊自信地面对客户（高层），而非一味顺从讨好
- 有礼有节地拒绝客户的过分要求
- 要求客户对等的投入和承诺
- 卖出高价格
- 不断尝试运用所学技巧，直至熟练、奏效
- 迅速忘记“失败”，重新充满活力和自信

在桑德拉销售系统中，方法论就自带对“人”的尊重的基因，包括对客户的尊重以及对销售人员的自尊。当然，桑德拉“打破销售抗拒”“TA交互心理学”“跳出舒适区”等主题则是对“赢家”心智的进一步加强，从而帮助销售人员由内而外地改变。

享受销售的角色

当你能够平静、轻松、正确地面对失败，并维护好你内在良好的本体价值、健康的自我心像时，你的内在就是“淡定、从容、有力量”的。销售对你而言不再是一种压力，你将开始真正享受“销售游戏”——并从中收获订单、金钱、尊重、自由、成就感和快乐。(参考*原则1　享受销售，才能持续成功*)

关联知识点

- 心理剧本、自我对话
- 打破你的舒适区
- 本体 vs. 角色

关联原则

- 原则1　享受销售，才能持续成功
- 原则27　客户“虐”你，可能是你自找的
- 原则42　你值得

思考题：

以最高10分为刻度尺，你会为自己的本体价值、角色表现分别打几分？

行动：

请留意身边那些流露出“赢家”气质的人，他们的外在行为方式有何不同，尤其是面对挫折和失败的时候。

原则 9
把你的“孩子”留在家里

把你的“孩子”留在家里，说的是 T－A 交互心理学在销售当中的运用。

T－A 理论认为，每一个人内心都有三种心理状态：父母式、孩童式、成人式；父母式代表的是权威和判断，成人式代表的是逻辑和理性，孩童式代表的是直觉和情绪。

一位年轻时尚的女性在商场逛街，隔着橱窗远远地看到了一个令她第一眼就心动的包，她很喜欢，很想拥有它。（孩童式心理：直觉化、情绪化）

她走进店看到价格的时候，倒吸了一口气，因为这个包的价格是她两个多月的薪水。这时她心里有个声音冒出来：“不能乱花钱！”“买东西要量力而行，不要打肿脸充胖子。”（父母式心理：判断、权威）

然后，她在脑海里盘算：“这个包适合什么场合，跟我之前那个款式风格是不是有点儿像，实用性如何。”（成人式心理：逻辑、理性）

这些角色又可以进一步衍生分化为：安抚型父母、批判型父母、成人的状态、天性的孩童、叛逆型孩童、顺从型孩童等各种角色，这些角色不断变化、反复切换。

情绪是购买的动力

大卫·桑德拉说，“人们购买的原始点是情绪化的”。

还记得你曾经用过的有点儿慢的电脑吗？虽然它有时候有点儿慢，但是

你并不着急更换，觉得还能凑合用。直到有一天，你辛辛苦苦工作了 7 个小时的内容，没来得及保存，电脑就瘫痪了，数据全部丢失了。

> “啊！……”你咬牙切齿地骂道，心想：我受够了，我再也不要这台破电脑了，我要一台最新最快的电脑！（孩童式心理：直觉化、情绪化）

即便是复杂的企业采购行为，其原始点也是情绪化的。

> “我受够了！因为这个配件总是出问题，影响整条生产线的运转，每次都得停下来检修，加班加点，质检部的人还总抱怨，真是烦死了！”
>
> “这个项目是 CEO 亲自发起的，我必须得干得漂亮，务必万无一失，我要用最好的原材料。”

客户内心那个情绪化的孩童被激发，发出了“我想要这样”或者“我不想要那样”的声音。这就是购买的原动力！在桑德拉，我们用“痛”来代表这种购买的原动力。它不仅指理性层面的需求，还包括客户的感性心理状态和购买动机。

所以，销售人员和客户沟通的时候，要特别留意客户有没有进入孩童式的情绪状态，还是仅仅停留在头脑和思维的层面，在进行逻辑辩论。

把你的“孩子”留在家里

销售人员跟客户沟通，实际上是他们的心理角色在进行交流和对话。

客　　户：“你们究竟有什么优势，我给你 10 分钟时间。”（批判型父母）

销售人员：“刘总，我们在这个行业做了 20 年了，我们的客户包括……，我们的口碑……。”

客　　户：“说重点，你们产品有啥优势？！”

销售人员：“刘总，我们的产品精度高、误差小，误差率基本控制在 0.02%以内，产品可以在零下 60 度的环境中正常运行，而且

我们的服务响应速度是非常快速的……”（顺从型孩童）

客　　户：“你们太贵了！”（批判型父母）

销售人员：“李主任，您看咱们也合作好多次了，我们的品质您也是知道的，您能不能再考虑考虑……”（顺从型孩童）

在陪同销售人员拜访的过程中，我们发现70%的销售人员都处在“顺从、讨好型孩童”的心理角色，试图去取悦作为“批判型父母”的客户。这种沟通模式，无论从效果还是效率来说，都是很差的。并且，久而久之销售人员会越来越感觉自己“低人一等”，内心的职业热情也会逐渐消耗殆尽。

桑德拉认为，要成为一个优雅、有尊严而且高效的销售人员，你必须让客户处于天性的孩童状态，告诉你他所遇到的“痛”（并不意味着客户一定要在你面前表现出强烈的情绪——愤怒、失望等；而是指客户内心的“孩子”被触发，发出了“我要这个”的渴望），而与之对应的应该是，销售人员有70%的时间在扮演安抚型父母。想象一下，一个痛苦不堪、满脸愁容的病人遇到了一个慈爱且专业的医生，这才是销售的最佳情形。

潜水艇销售系统背后的心理学

现在，问题来了：

- 你能让客户感觉到真诚、友善、可信吗？（而不是散发出精明、虚伪的气息）
- 你能让客户感觉到你是专业的、可靠的吗？（而不是一个兜售专业知识、迫切想要成交的功利主义者）

以上两点对应着桑德拉系统中“亲和信任”和“事先约定”。只有做到这两点，客户才更有可能分享他的“痛”。找到了“痛”，也就是激发了客户内在的“孩子”。但这并不意味着订单搞定了，客户的“成人”会跳出来问：“这个价格合理吗？”客户的“父母”也会提出问题，比如：“你确信这是一笔合理的投资吗?”“你确信你没有过于冲动?”这也是桑德拉潜水艇销售法在“痛”之后安排“预算”“决策”环节的原因。是的，我们要让客户的各个心理角色都感到安全和满意。

与此同时，销售人员要把自己内心那个渴望被客户喜欢、认同的情绪化的“孩子”留在家里。否则，销售人员就会试图去讨好客户，就会因为害怕客户的“不喜欢”而去做很多不该做的事情，比如：

- 过早地答应做方案、反复改方案
- 轻易让步、让价
- 提供免费咨询和服务
- 急不可耐地回答客户的烟幕弹问题

所以，记得把你的“孩子”留在家里。相应的，我们应该让客户处于“孩童”的状态，你来扮演“安抚型”父母，这才是你在70%的时间里应该处于的心理状态。

顺便问一句，在日常生活中，你更经常扮演一个处处讨好、想要获得他人认可和批准的“孩子”，还是一个自我要求极高、对他人也高要求的挑剔的“父母”，又或者是一个纯粹逻辑分析的“成人”?

关联知识点

- 30秒广告法
- “痛”的拼图
- T-A交互心理学

关联原则

- 原则36　停止兜售FAB（特性、优势、价值）
- 原则37　没有“痛”，就没有销售

思考题：

在你和客户的互动中，双方经常处于哪种心理角色和状态？

行动：

观察一下你的同事，看看他们和客户互动时主要处于什么心理状态，是否有能力引导客户转换心理角色，从而提升沟通效率。

原则 10
你无法管理不在掌控中的事情

销售人员甲："快半年了，你的销售目标完成得怎么样了？我连 1/3 都没到，现在的市场行情不好，老客户订单减少了，新客户开发又很难。你怎么样？"

销售人员乙："我的还可以，基本达到了半年的目标，考虑到下半年需求会旺盛一些，今年完成任务应该没有问题。"

销售人员甲："真羡慕你分了一个好片区，你看我这边就没有你那片区域的客户集中，初步打了一圈电话，我感觉新开发客户的机会不大。"

销售人员乙："从经济大环境来看，你片区的 GDP 比我的片区还高。你怎么不多跑跑客户呢？反正每次我回公司做报表的时候都看到你在，老板不说你啊？"

销售人员甲："有什么好说的啊，销售不都是用数字说话嘛。老板都是看结果不看过程的。"

销售人员乙："要是结果很好，可能不看过程；要是结果不好，过程老板也不清楚，那就麻烦了。再说，结果是由过程管理产生的。反正我每周都有客户拜访计划，做老客户拜访，要求转介绍，或者做陌生新客户的开发。"

管理销售行为，而不是销售结果

公司每年都会制定年度销售目标，往往是一些冷冰冰的数字，比如销售额、利润率、市场占有率等，这些指标会分摊到每个销售人员头上。每月末、季度末、年末，老板都会用这些标准来评价销售人员。

假设你的业绩指标是一年达成1200万销售额。这个数字对你而言会变得很特别，你可能总是会惦记它，因为它对你来说意义重大。但是我们面对一个现实——你无法掌控它。无论你多么渴望达成这个目标，它都不在你的掌控范围内。你当然可以把它分解为每个季度300万、每个月100万的前置性指标，但你依旧无法掌控100万这个数字。事实上，你无法掌控任何结果，无论这个数字是多少。过度关注一个你无法掌控的事情，甚至为之担忧、焦虑，只会消耗你的心理能量。

你唯一能够掌控的是销售行为，包括数量和质量。比如你可以掌控自己每周尝试多少通陌生电话、尝试跟别人要求转介绍的次数；你也可以掌控在客户开发时说什么、怎么说；你还可以掌控用哪些方式开发什么类型的客户。

当然，同样的准则，也适用于销售过程。我们无法掌控客户是否会喜欢我们，但我们可以控制的是沟通技巧、人际技能；我们无法掌控客户的评价标准，但我们可以掌控的是挖掘需求、引导需求、渗透标准的能力；我们无法控制客户是否最终选择我们，但我们可以掌控的是机会甄别的策略、销售进程的把控、进退的勇气。

与其关注不受掌控的结果，不如聚焦自己可以掌控的过程及行为。当我们把（可掌控的）“自己的事”做好了，往往会发现（不在控制范围内的）“老天爷的事”不会太糟糕。

制定你的个性化“成功食谱”

当销售目标明确以后，你需要把它变为可管控的行为数量以及执行计划。

David的年度销售目标是1200万元，平均每个月的销售指标就是

100 万。假设现有的客户基础能够每个月贡献 60 万。那么差额的 40 万就要从新增客户身上获得。以每个新客户的平均订单额为 15 万计算，他每个月需要增加 3 个客户。

假设 David 以陌生电话的方式进行客户开发，每拨通 100 次电话能够获得 15 次有效通话，能够得到 5 个（新客户）首次拜访机会，并最终成交 1 个订单。那 David 就能推算出他每月需要拨打 300 次陌生电话。（假设他只有这一种新客户开发方式）

假设 David 每周二、三上午的时间完全用来拨打陌生电话（取决于他的客户开发计划及安排），那么他每周需要完成约 75 个电话，因此，每周二、三上午，他需要完成约 40 个电话。

在这个例子当中，David 把每月 300 次陌生电话开发的目标分解到每天的活动日程表并切实执行，不断优化和调整，他就能够达成最终的业绩目标。当然，在实际工作中，你可能有不同的客户开发方式组合，可以通过不断总结，提升各种开发方式的技能和效率，你也可以根据过程中的数据和实际情况做出必要的调整。

但无论上述形式如何改变，有一点是不变的，那就是职业销售人员需要把不可控的目标转变为可管控的日常行为，并且形成销售日历以及“成功食谱”（行动手册）。

管理销售行为，而不是销售结果，往往能够让销售人员更好地达成业绩目标，还能减少销售人员内心的焦虑，获得内心的平和和力量感。贯彻桑德拉的人性化销售方式，不仅能够提高效率，还有利于销售人员保持职业热情。毕竟，谁愿意长期忍受每天焦虑、担忧，还要低人一等地进行乞讨式销售呢？

关联知识点

- 目标设定
- 制定个性化客户开发计划
- “成功食谱”
- 桑德拉成功方程式

关联原则

- 原则 6　协同发展“成功金三角”
- 原则 16　不要越过警戒线

思考题：

什么样的目标能带来动力，什么样的目标只会带来压力？

行动：

制定你的个性化客户开发计划以及“成功食谱”。

原则 11
你不会失去还没得到的东西

经　　理：“你这个客户来我们这参观两次了，他们到底什么时候做出决定？”

销售人员：“我也不确定。客户想来参观，我也不好拒绝。”

经　　理：“他们的技术指标怎么设定的？”

销售人员：“客户不太愿意透露。”

经　　理：“上次给客户做的测试，他们支付基本的材料费了吗？”

销售人员：“其他几家都争着做测试，我感觉不太好提要求。”

经　　理：“你下一步准备怎么做？”

销售人员：“尽量满足客户的诉求，让客户喜欢我们，这样机会总会大一些。我回头想再请客户吃个饭，维持好关系。”

搞清楚真实状况

只要订单还没签下来，销售人员就总是害怕会失去，这种情况困扰着很多的销售人员。

这种害怕会阻止我们去问一些重要的问题、去做应该做的事，比如问一些“敏感但重要”的信息、要求客户合理的承诺、拒绝客户过分的要求等；这种害怕还可能使得销售人员明明感觉单子“可能有问题”，却选择“视而不见”，不愿揭开真相，更不会主动淘汰、放弃这个机会。

当销售过程开始拖延，当潜在客户不履行承诺或者设置障碍，这时我们需要果断地把问题摆出来与客户一起解决。你应该搞清楚到底发生了什么以及接下来会发生什么。作为一名职业销售人员，你有权利和义务向客户提出这些问题。

但是，因为害怕关系会“疏远”，担心“影响”可能的签单机会，这种心理常常会阻止我们采取这种行动。**如果让这种恐惧失去的心理妨碍我们去“发现真相”，调整后续计划，那么我们只能算是业余选手，而不是职业销售人员。**

患得患失会伤害你

一直在担心丢掉本来就还未得到的订单，会给销售人员带来诸多不利影响：

1. 影响对销售机会的判断，难以区分这是个机会还是个泡影，甚至是个陷阱。

2. 影响销售人员的效率。如果总是担心丢掉订单，销售人员就没有内心力量来坚守原则和立场，不敢问“重要”的问题，不敢提出合理的要求，这会导致销售周期被拉长，销售效率降低。

3. 被客户利用其心理。客户会不断施压，牵着销售人员的鼻子走。正如下面这位采购所描述的那样。

> “第一次接触这类产品的时候，经理告诉我诀窍就是向不同的供应商咨询，并互相比较。 我只要装作一副很懂行的样子，并且给销售人员一种模棱两可的态度，他们就会不断告诉我更多我需要了解的东西，并且不断地让步。 我表现得越是不满，很多销售人员就会做得越多。”

4. 消耗销售人员的能量和热情。没有人喜欢承受这种担心、焦虑的无力感，常年处在这种心理状态之下是很难受的。

搞清原因，对症下药

心理学家认为，“匮乏心态”可能会导致销售人员害怕面对“失去”。有“匮乏心态”的人总觉得真正的机会很少，必须抓住每一个机会。这样的思维方式将会导致销售人员过久地沉溺于那些半真半假的机会，没有力量去“发现真相”。

“这个客户还是很有希望的，我觉得有可能会签单。”

“我不想让客户产生不悦的感觉，我相信他在为我考虑，尽管我无法证实。”

“如果我不够顺从的话，他很可能会对我产生不满，并且会转头寻找别人。”

这种“匮乏心态”可能来源于我们从小所受到的教育。许多人都接受过类似天上不会掉馅饼、节省以备不时之需之类的教导。这些劝诫本身或许没有什么不好，但过了某个度的话，就会进入另一个极端——匮乏，你会害怕“失去”，害怕“又少了一个”，你会想要“囤积”所有的机会。

另外，还有“痛恨寻找新客户”的心理。这会让销售人员久久不愿放弃一个糟糕的业务机会。有些销售人员宁愿把时间拖得无限长，也不愿意去开发新的客户。因为开发新客户对他而言是非常痛苦和令人恐惧的。他非常担心“失去”任何一个可能的客户。他宁愿相信这个客户是有希望成交的——尽管很多迹象表明事实并非如此。

你可以选择现在就转而开发新客户。又或者，你可以选择付出更大的代价——浪费时间和精力，饱受挫折、费尽周折去和现在这个客户周旋，可是到最后颗粒无收。结果，你还是不得不再去开发新客户。

此外，还有一种“过度竞争”的心理。有些人认为生活就是竞争。换句话说，他们相信一个人要么是胜利者、要么就是失败者。如果被这种思维方式所左右，放弃一个（不好的）机会，对他们来说就意味着自己输了、竞争对手赢了。但是，销售的目的不是打败对手，而是更有效地实现我们的目标。

关联知识点

- T－A 交互心理学
- 童年心理剧本
- 无压力客户开发

关联原则

- 原则 16　不要越过警戒线
- 原则 25　签单，或者结案
- 原则 31　允许客户说 No

思考题：

总是担心“失去”还没得到的订单；或者继续死抱住已经停滞不前的机会，却不采取行动改变现状，其内在的原因是什么？

行动：

自我评估，你是否总担心“失去”还没得到的订单，列出几项可以做的事情，来帮助自己克服这种心理。

原则 12

如果你脚疼，可能是你踩在自己的脚趾上了

“谭经理，我们已经应您的要求和技术部门讨论过项目方案了，也已经给您做过报价了。您这边什么时候有结果呢？”

“你们的方案没有问题，不过我们这次是公司的评审委员会共同做决定。”

听到这里，销售员小魏感觉胃部抽动了一下，下颌紧张。他想：评审委员会！什么评审委员会？你之前没有和我说过呀，我们合作过好几次了呀……

“之前的几次采购都是您这边主导，王部长走个流程签个字就行的呀。”

“今年公司的采购政策变了，超过 30 万元的采购，必须由评审委员会集体决策。”

“那你们现在的中标标准是什么呢？”

“以前分技术标准和商务标准，现在的标准是技术上符合要求后，价低者中标。”

这下“凭经验”想当然办事的小魏大跌眼镜了。他应该怪客户吗？不，是他自己没有提前发现客户的采购流程发生了变化，他应该为这个局面负责。

不要因为自己的过失，而责怪他人

很多时候，销售过程中会出现一些不如意的地方，让我们感觉沮丧、失望、痛苦：

- 销售过程中总是节外生枝，出现很多意外
- 客户含含糊糊，不给出具体承诺
- 客户临时反悔甚至变卦
- 花了大量的时间，最后发现客户不匹配
- 临近尾声了，客户却抓住某个小问题不放，拒绝签单

面临这些情况，许多人都会下意识地想要抱怨、责备客户，这样做或许会让我们内心得到某种安慰，却不会让我们有任何成长。作为一个职业销售人员必须清楚：因为我们做了什么（或没做什么）、说了什么（或没说什么），才导致客户可以用这样的方式来对待我们。比如上述问题可能是因为下列对应的原因造成的。

- 没有提前约定好双方的互动过程和步骤（*参考原则30 要想知道未来，最好拉回到现在*）
- 过于高压销售、不允许客户说No，而导致客户回避承诺（*参考原则31 允许客户说No*）
- 没有做潜水艇销售法中“后售”的动作（*参考原则46 小心煮熟的鸭子飞了*）
- 以“成交”为底层出发点，没有严格甄别筛选业务机会（*参考原则4 总是在甄别，而非总是在销售*）
- 没有事先和客户讨论，并解除他对某个“产品劣势”的疑虑（*参考原则23 在炸弹爆炸前拆除引信*）

如果我们愿意诚实地面对自己，就会发现事实上是因为我们没有做（说）这些，才导致了问题的发生，是我们一手造成了这种局面！而如果你因此而责备客户，就好比你踩在自己的脚趾上，却四处寻找是谁把你的脚弄疼了。

没有糟糕的客户，只有糟糕的销售人员

“我一开始就知道那家伙肯定买不起，浪费了我那么多时间。”

“他根本就不是诚心想要买。”

“这就是个垃圾客户。”

付出了巨大的努力，却一无所获；许多人都会为此感觉到沮丧，甚至是愤怒。这时候言语攻击客户或许会让我们感到舒服一点。我可以理解这种情绪。但是如果我们长时间沉浸在这样的情绪里面，又或者总是找这样的理由为自己开脱，那么我们就无法向内看，无法自省，更无法成长。假装一切都是客户的问题，并不是一个好的选择。

不要因为自己的过失而责备他人，负起责任，面对现实，从中学习，不断成长。才是一名职业销售人员的正确做法。

关联知识点

- I/R 原理
- 成功金三角
- 跳出舒适区

关联原则

- 原则 10　你无法管理不在掌控中的事情
- 原则 23　在炸弹爆炸前拆除引信

思考题：

当我们抱怨、指责客户的时候，内心深处发生了什么？我们得到了什么？失去了什么？

行动：

回忆三种发生过的情形：你的潜在顾客给你带来过哪些不利的或者意想不到的“意外”，进而阻碍了销售进程。想一想你本可以做（说）些什么以避免这些情形的发生。

客户开发篇

Part 2

原则 13
建立科学的客户开发系统

销售人员："我的客户数量不够，我们的产品又比较贵，很难卖。"

经　　理："你的理想客户是谁？"

销售人员："规模大、不差钱的企业。"

经　　理："能否具体一些？"

销售人员："嗯，主要就是外企。"

经　　理："他们选择你的核心理由是什么？"

销售人员："我们的品牌，还有就是我们产品的品质好。"

这是一次实战辅导中经理和一位销售人员的对话。我经常听到类似的回答，反映了许许多多销售人员的认知。当问到他们的理想客户是谁时，经常听到的说法是："规模大、需求用量大、舍得花钱买更好的产品和服务的企业"。而当追问更具体的客户特征，或者为什么是这些特征的时候，经常得到类似上面案例中的回答。但这些认知对销售几乎起不到实质性的指导作用。

清晰定义理想客户的画像

通常，公司在推出产品时已经有了预设的价值定位以及理想客户群，这是高层和老板负责的事情，销售人员需要做的是将其转化为具体的特征指标。为此，可以先从客户的角度出发，分析哪一类客户更在乎、更看重公司/产品的优势。然后，结合公司的整体优势（比如本地服务/个性化定制）、经营理念（比如稳健的现金及财务管控），不断明晰“理想客户”的特征。

以下是成都市一家软件代理商对理想客户的描述：

- 小型连锁门店式销售的企业（尤其是建材家装、教培、美容行业）
- 门店销售人员累计超过 10 人
- 连锁门店数量在 30 家以内
- 公司运营超过 3 年
- 位于西南地区
- 民营企业

对于面向企业用户的销售人员，常见的“理想客户”特征可能包括下列维度：客户所属行业、企业性质、生产规模、营业规模、生产条件、加工工艺等；而面向个人消费者的销售人员，常见的“理想客户”特征可能包括性别、年龄、区域、收入、兴趣爱好等。

“理想客户”特征可能包括较明显的显性特征（比如公司性质），以及需要挖掘确认的隐性特征（比如客户具有成熟的认知）。当销售人员把所有的理想客户特征都罗列出来后，可以进一步划分哪些特征是必需的，哪些特征则是属于“有则更好”的范畴。

如果不能明确理想客户特征，销售人员往往就会全面撒网，眉毛胡子一把抓，到最后精疲力竭却收获寥寥。

对客户进行分类分级

在此基础上，为了区分客户类型，合理分配资源，销售人员还可以根据某些特征进行客户分类。面对不同的客户，你的销售流程、服务标准都有可能不同。

商业银行按照风险和价值对客户进行分类。根据客户在银行的资产/存款日均金额，分为不同等级。比如私人银行客户，日均余额在1000万元以上，这类客户不用排队，有专门的贵宾厅和专属的服务团队；对于日均余额2000万以上的客户，还配有一对一的钻石管家服务。然后根据日均余额减少的梯次，可能依次被划分为VIP一级客户、VIP二级客户、普通客户等。

以科学的方式来开发客户

首先，正如人们常说的“选对池塘钓大鱼”，销售人员要搞清楚自己最想钓什么鱼、钓什么鱼的成功率最高，这类鱼最常出现在什么样的“鱼塘”中。也就是必须搞清楚你的理想客户特征，以及接触他们的渠道和方式。如果目标选错了、池塘选错了，任凭你的钓鱼技术再高，任凭你再努力，也很难有大的收获。

其次，在出发前要观察天气、水域，要准备鱼饵、钓具等，也就是区域规划、客户规划和拜访前准备等。每次钓鱼都要识别不同种类的鱼，是鲤鱼、鲫鱼、草鱼还是其他什么鱼，也就是在每一次客户开发尝试中完成对客户的分类和鉴别。

再者，就是需要用什么方法来钓鱼，也就是需要一套行之有效的客户开发流程、方法和计划。把它贯穿在日常的行为手册里面——确保正确的应对方式，做好足够的开发行为，保证足够的“创收时间”。（参考*原则16　不要越过警戒线*）

按质按量地保证新客户的开发，会让你的商机源源不断，也会让你在跟进具体业务时更加放松、淡定、从容。正所谓，问渠哪得清如许，为有源头活水来。

关联知识点

- 区域规划
- K. A. R. E
- 价值定位
- 客户开发计划

关联原则

- 原则 4　总是在甄别，而非总是在销售
- 原则 10　你无法管理不在掌控中的事情

思考题：

你的理想客户画像、客户分类标准清晰吗，能有效地指导你的实际工作吗？

行动：

优化你的理想客户特征清单。

原则 14 反其道而行之，做不一样的事情

“您好，张总！我是 × × ×广告公司的小刘，不好意思耽误您几分钟。今天给您打电话是想给您介绍一个专门针对像您公司这样的高端客户的广告媒体，效果非常好。像咱们行业里的知名公司，比如 X 公司、Y 公司，都跟我们有长期的合作，我们相信这样的媒体资源一定会提升您的广告投放效率……”

“王先生，您好，我是 A 酒店俱乐部的小张，您之前在我们这里入住过。今天和您分享一个好消息。元旦期间我们推出尊享贵宾俱乐部会员卡优惠活动。您只需花 3588 元购买会员卡，就可以享受两晚行政房住宿，还赠送 7 张健身房的免费券、4 张西餐厅免费自助餐券以及 6 张酒店的消费 8 折券。这对于您这样的商旅人士，既优惠，又彰显身份。这样的活动力度只在年底才有的……”

传统销售的味道

类似上述推销电话你一定不陌生。大多数客户很不喜欢这类销售人员和销售方式，想要尽快摆脱他们，哪怕有可能用得到他们的产品。如果说产品同质化在当今已经成为越来越严重的挑战的话，销售人员和销售方式的同质化，可能有过之而无不及——而且是令人不悦的恶性同质化。

细细品读，这种销售方式的特点就是销售味道太浓了，太像一个传统的、令人不悦的销售人员做的事了。它往往伴随着以下几种甚至全部特点。

1. 语气语调：语调亢奋，有时候也比较紧张，很多情况下语速很快，客户一听就能知道这就是一个推销电话；

2. 抓取客户的状态：只要开口就抓住一切机会说，滔滔不绝，不管你同意与否，就像溺水时抓住一根救命稻草，决不放手；

3. 自卖自夸：说的都是自己产品的好，几乎是一个完美无瑕、人见人爱的产品；

4. 自以为是：一直在说对客户有什么好处和价值。实际上销售人员在没有与客户沟通之前，怎么可能知道这就是客户需要的、有价值的呢？这只是卖方“以自我为中心”的表演罢了；

5. 害怕、不允许客户说 No：销售人员会想尽一切办法让客户没有机会说 No，也会刻意忽略客户的拒绝；

6. 操控性强：销售人员通过极快的语速、不让客户说话、忽略客户不悦等方式，试图占据谈话的主导权，殊不知这只会让人更加反感；

7. 功利：过程中让客户认可、“搞定”客户的意图非常明显；

8. 不真诚：综合整个过程，让人感觉与其交流的都是专门练过套路的“机器”，没有真实的、正常的“人情味”；

9. 低人一等：言语之间，销售人员总透露出一种或明显或隐约的讨好的味道。要知道，客户能够很容易“闻到”这种味道。潜台词是最重要的台词。

传统的销售电话、销售拜访都有以上特点，弥漫着“高压销售”的气息，客户可能从 10 岁起就非常熟悉这种味道了。因此，他们非常了解应该如何对付这种销售人员。换言之，销售人员这么做，就是在自找麻烦。（参考*原则 3 跳出“买家系统”*）

做不一样的事情

学会打破客户对销售人员的预期，做与一般销售人员相反的事情，让客户感觉到你“不一样”，客户才有可能“不一样”地对待你。作为销售人员，需要负起责任去引导这种改变。

> 销售人员：“您好，我是 ××× 公司 ×××，第一次给您打电话，我也不知道是否合适，有点儿忐忑。我用半分钟介绍一下我的来意，然后您决定我们要不要往下聊，可以吗？”
>
> （得到客户的允许后）
>
> 销售人员：“我留意到您公司发布了 ××× 产品/计划，我们是一家专门做 ××× 的公司，我们的很多客户都是类似您这样的研发负责人，他们为这几个问题感到头疼：A……，B……，C……”
>
> （ABC 的重点在于简明扼要、直击客户的业务痛点，而不是你的优势、卖点）

这样的开场白会让你 100% 成功吗？不会。因为客户开发本身就是寻找有潜在意向的客户，本来就不可能 100% 都有意向。这么做的目的是提高概率，增加好感度；如果你能在陌生电话之前配合一些市场营销活动预热的话，效果可能会更佳。你当然可以有许多别的客户开发方式，但就“陌生电话开发”而言，上述方式与传统销售相比有几点不同。

- 更真诚、友好：承认这可能是一通不合适的电话
- 在乎、尊重客户：你尊重客户的时间，只要求半分钟介绍来意，不会“死缠烂打”
- 把主导权还给客户：让客户决定是否给你 30 秒时间，以及是否愿意继续往下沟通
- 赢得沟通空间：通过事先约定，赢得自我介绍的机会和空间

- 以客户为中心：你谈论的是客户的“痛”——他关心的问题
- 更平等的姿态和关系
- 将双方的压力降到最低

这是一个看起来“不一样”的销售人员，他打破了客户的预期。

我们辅导的一位金融行业的学员，他的电话接通率（初次电话时长在1.5分钟以上）由原来的7%提高到36%。甚至有一些人表示，“我确实不需要，不过你不那么让人反感，我身边有朋友可能需要，我可以问问他。”

贯穿始终的“反其道而行之”

不同于传统销售人员的做法应当贯穿销售的全流程，而非只是在客户开发或者开场阶段。

潜在客户：“我不确定现在是否是启动项目的合适时机。”

传统销售人员：“这个项目拖得越久，麻烦就越大，现在做的好处是……”

桑德拉建议你尝试以下做法：

回答1：您这么说肯定是有原因的，您在考虑的是?

回答2：我也不太确定。我们可以探讨一下目前启动项目的利弊。

回答3：其实我也不太确定。我的感觉是，你们现在看起来运转得特别好，甚至不启动项目好像也没问题。

反其道而行之，做不一样的事情，将大大改善我们跟客户的互动效率。这样做会让销售人员的外在显得更“真诚、优雅、可信赖”。由术入道，则会让我们的内心越来越“淡定、从容，有力量”。

关联知识点

- 无压力客户开发
- 30 秒广告
- T－A 交互心理学

关联原则

- 原则 11　你不会失去还没得到的东西
- 原则 26　千万，千万别像一个销售人员
- 原则 31　允许客户说 No

思考题：

回想一下，你接收到的陌生销售电话/初次拜访，哪些做法让你很反感，你觉得可以怎么改进？

行动：

回顾你和客户开始第一次谈话的情景，试着组织一个与之前不一样的谈话结构，跟身边的同事对练，并互相反馈。

原则 15 照顾好你的“摇钱树”

“斌哥，成都这边 × ×公司有个特种纤维的项目要上，你要过来了解下你们的过滤器有没有机会吗？”

“不知道这个消息啊。你的设备卖进去了吗？”

“今天刚刚谈，谈的还不错。趁着气氛好，我捎带问了一下他们过滤器现在的采购阶段。看起来似乎已经开始接洽供应商，我提了下你们公司，客户说可以和他们联系看看。”

“好的，我联系下，如果可以今晚就飞成都。谢谢啊小韩！”

“您客气了，您都给我介绍好多客户了，我一直记得呢。”

建立“转介绍树”

当开发新业务时，如果每一个机会都必须从陌生开发开始，总是再三地重复这样的循环可能确实效率低。还好，我们有更好的办法。

让我们做个小练习：在一张纸的中心画一条垂直线，在底部画一条水平线与它垂直相交。现在，每当你与一个新客户签单，就在主线上增加一根树杈，你直接开发的客户越多，你的树杈就越多。在每个新增加的树杈上，还能持续长出新的树杈和枝丫——经由这个客户给你带来的转介绍。这就是你的“转介绍树”！随着你直接开发的新客户越来越多，以及由新客户给你带来的转介绍越来越多，你的转介绍树开始茁壮成长，变得枝繁叶茂。

开始着手建立你的“转介绍树”吧。

首先，从新签的客户开始。每次新签一个客户，都开始着手要求转介绍。你当然可以根据具体的情况决定要求转介绍的方式和时机，但重点是——你要开始要求转介绍。

其次，善用已有的老客户资源。每一个现有的客户，都有一张无形的网络，这个网络有许多节点（客户接触的不同的人）。你可以借助这些节点，充分挖掘客户背后的关系和机会：客户的姐妹公司、客户的上下游供应商及合作伙伴、客户的客户、客户的前同事、校友等。

再者，建立合作联盟。市场上有一些其他公司的销售人员，他们和你共享客户群（不同的产品），或者他们拥有通向你的目标客户的通道。你可以与这些人建立合作联盟，互惠合作。

总之，你要着手开始主动地、有意识地栽种“转介绍树”，把它列入你的客户开发计划，为之专门安排时间和资源，采取行动，这是你可以掌控的事情。

悉心栽培

“转介绍树”还需要你悉心栽培，需要你施肥、浇水。

每次接触客户的时候，确保你采用了真诚、诚实、职业的销售方式，确保你给客户交付了符合或超出他预期的价值（参考桑德拉“季度性价值回顾”工具），确保客户对于向你转介绍业务感觉到放心、舒服。

转介绍需要精心策划和准备。你可能需要考虑对方愿意给你转介绍的一些因素，比如动力、顾虑、便利性以及对方转介绍的场景，等等。

为了更有效地应对各种引荐机会，你需要对转介绍机会进行分类。比如，你可以将引荐机会分为“冷的”“凉的”“暖的”“热的”。“冷的”代表客户只愿意给你被引荐人的信息，而拒绝让你提及他的姓名；“凉的”代表客户允许你提及他的姓名，但不愿意为你给引荐人专门打电话/发信息；“暖的”代表客户愿意为你给被引荐人专门打电话/发信息；“热的”则代表客户愿意安排三方会面/通话。销售人员需要对其进行精细的分类，并为每种类型的引荐机会准备好真诚、有效的应对策略和方法，以提升转介绍获取的效果和效率。（如果你在这些方面需要详细的指导，请联系我们。）

每次签单（长出新的枝丫），记得给这个树枝上的引荐人打电话或发邮件，感谢那个给你“引荐”的人，让你的客户知道你对他心存感激！

只要你日复一日悉心栽培、照顾好你的“转介绍树”，它就会茁壮成长，最后变成你一辈子的“摇钱树”！

关联知识点

- 客户^{2}工具
- 客户满意度工具
- 季度性价值回顾工具

关联原则

- 原则 49　成交，是新的销售起点
- 原则 10　你无法管理不在掌控中的事情

思考题：

站在客户的角度换位思考，什么条件下你愿意为销售人员提供转介绍？

行动：

选出三名客户，通过他们你可以开始栽培你的“转介绍树”。与他们约谈，开始你栽培“摇钱树”之旅。

原则 16

不要越过警戒线

“Jason，你还没有回家吗，这么晚还在加班？”

“哦，是经理啊。是的，还有两份表格没有做。”

“正好我想跟你谈一下。我发现你工作非常努力，从早上进公司后，每天晚上都加班。但是你的业绩并没有上去，你有没有考虑过是什么原因呢？”

“嗯，可能是我这个区域潜在客户数量不多，很难约到一些有效的客户拜访。”

“那你每天从早到晚在忙些什么呢？”

“在网上浏览，尽量多找一些可能的客户名单，尝试给客户打电话，整理一下资料，看一下产品相关知识，回复邮件，还有一些办公室的工作，比如写报告做报销等。”

“那你每天真正给客户打电话、拜访客户的销售时间有多少呢？”

“平均 1～2 个小时吧，主要是客户很难约，没有意向的觉得打了电话也效果不大……”

创收时间 VS 非创收时间

有一项资源对所有人是公平的，那就是时间。每个人每天都有 24 小时。在桑德拉公司，我们把销售人员的工作时间分为 Pay time（创收时间）和 No-pay time（非创收时间）。销售人员从事跟销售直接相关的活动的时间，即为创收时间；而销售人员从事与销售非直接相关的活动的时间，叫作非创收时间。

与销售直接相关的活动包括：开发新客户、客户拜访、与客户进行沟通、与客户进行谈判、寻求客户的转介绍等，所有这些都是跟销售直接相关的事情，做这些工作的时间属于创收时间。

常见的与销售非直接相关的活动包括：产品知识学习、技能培训、资料的准备、客户的规划、写报告、填写报销票据、整理办公桌等。这些行为不直接产生收入，但是可能帮助你更好地提升效率。从事这些活动的时间归为非创收时间。

不要越过警戒线

现实世界中，有很多类似开篇案例中 Jason 的销售人员，他们总是在拖延，总是在回避一些关键创收活动，他们不去做客户开发、客户拜访，不去“啃硬骨头”；他们甚至下意识地回避这些事，以回避销售的压力。**但他们让自己看起来很忙碌，这样就有了一个理由可以去回避那些真正重要的事情。**如果你去检查他们的创收时间，那真是少得可怜。

在一些马路中间，没有实体的护栏，只有一条醒目的分割线。分割线两边的车辆朝着相反的方向通行。如果跨越分割线行驶，那是非常危险的，会与对面的车辆相撞！

对销售人员来说，也应该有一条分割线，就是警戒线。它区隔了创收时间和非创收时间。如果你总是在创收时间从事非创收活动，你将会有大麻烦，无论背后的原因是什么。

很多销售人员每天看起来很“忙碌”，但实际的创收时间却很少。真正决定最终业绩的是实际有效的创收时间，而不是简单的工作时长。

记住，保证足够的创收时间，不要越过警戒线！

关联知识点

- 成功食谱（Cookbook）
- 打破销售抗拒
- 桑德拉成功金三角

关联原则

- 原则 6　协同发展“成功金三角”
- 原则 10　你无法管理不在掌控中的事情

思考题：

销售人员为何会用“忙碌”来掩饰他对创收时间的承诺和保证？

行动：

按照本文介绍的方法，划定警戒线，把你一周的工作时间和内容记录下来，看看你有多少创收时间，该做出哪些调整。

桑德拉销售原则

Part 3

拜访前准备

原则 17
销售不是即兴表演

经　　理：“你这次过去拜访X客户想实现什么目标？”

销售人员：“了解一下项目情况，也跟客户混熟一点。”

经　　理：“你想和客户谈什么？”

销售人员：“强调一下我们的优势，具体谈什么要看客户的兴趣。”

经　　理：“那你想了解什么信息？”

销售人员：“项目的进展程度。”

经　　理：“这次约了谁？”

销售人员：“上次的实验室叶老师，这次王院的助手曹博士可能也会参加。”

经　　理：“你觉得曹博士会问什么？”

销售人员：“我不知道，到时候具体看情况处理吧。”

成为一个“职业化销售”

如果你询问销售人员某次客户拜访的目的是什么，经常会听到诸如“维护客情”“跟进进度”“了解信息”之类比较宽泛的回答。如果你追问一些细节，他们经常会回答说：“去了就知道了”“到时候看情况”……

这表明很多销售人员在大多数拜访前并没有做好细致的规划（除了极个别的“重要”拜访），大多数的销售拜访就是一场“即兴表演”。很多人相信：“我是老销售了，经验会告诉我该怎么做的”，于是他们寄希望于“见招拆招”。

这不是一个职业销售人员该有的作风。

看看世界上的职业运动员，他们在比赛之前都会研究比赛，研究对手，制定相应的战术。他们会模拟比赛，制定不同情况下的应对策略，他们的脑海里有很多“如果……，我就……”的计划。比赛前一周，他们会进行针对性的演练。比赛当天，他们会提前入场，进行充分的热身，调整到最佳状态。

这些事先的准备，不只是运动员专业和敬业的表现，更代表着对自己比赛过程的主动和主导。充分的准备会让运动员提高信心水平，也直接影响他们在场上的发挥。

那些致力于成为“职业销售”的选手，也应当如此。但非常不幸的是，即使是在我陪同拜访的情况下，也只有不到1/3的销售人员能做好高质量的拜访前准备。大多数人还在依赖“朦胧感觉”下的“临场发挥”。

为什么会这样呢？有几个原因：

1. 没有意识到充分进行拜访前准备的重要性。
2. 缺乏拜访前规划的思维框架、工具。
3. 缺少足够的自律性。
4. 公司没有相关的要求、指导、评估考核。

磨刀不误砍柴工

在上百次陪同销售人员进行客户拜访的经历中，我发现，准备充分的销售拜访，无论从效果上，还是效率上，都显著优于那些缺乏充分准备的拜访。通常我会陪同销售人员一整天，去拜访好几位不同的客户；在中午午餐时与销售人员进行有针对性的拜访前规划及演练以后，他在下午的拜访中的表现简直判若两人。甚至会出现此前2~3次拜访都效率极低、无法推进的客户，一次高质量拜访后就有了质的飞跃、取得大幅进展的情况。而下午整个拜访的过程，都是销售人员独立完成的，差别就在于他思路清晰、胸有成竹，真所谓兵来将挡、水来土掩。

拜访前规划，需要准备些什么？

首先，当然是明确此次拜访的具体目标。比如：搞清楚目前状况下客户的损失、客户心目中的解决方案框架和思路，渗透我方的竞争优势，发展内部教练等。这些具体的目标组合起来，帮助你达到“建立关系”“推动进展”的目标。你甚至可以规划出理想目标、预期目标、保底目标。关于目标很重要的一点，就是要换位思考，此刻客户处于购买阶段的哪个时期，他对于此次会谈有何目标和预期。你如何将双方的目标统一起来。

其次，就是你想要了解的关键信息、询问的关键问题。按照桑德拉潜水艇销售法，销售人员需要了解客户的“痛”、预算、决策、竞争对手、解决方案设想等相关情况。这一部分常见的挑战是，销售人员缺乏逻辑结构和指引图，从而导致在实际拜访过程中问的信息不全或者遗漏，以致于拜访的效率并不高。

再者，提前规划客户可能会问的问题以及你的回答；尤其是当客户方面可能有不止一位人员参与时，每个参与者都有他们各自的关注点，你最好提前准备好。

最后，你还需要在事前与团队成员共享客户信息，包括客户基础信息、业务机会的背景信息等。此外，你还需要提前规划好相应的资料。

做好“编剧”和“导演”

现在，你已经在思维和框架上做好了准备。但还不够，下一步，你需要像编剧一样，把这场“演出”预演、排练出来。想象一下在客户拜访过程中，开局先谈什么，中局重点讨论什么，后期又要谈什么，如何进行串联。你应该如何与客户进行沟通，以便于整个会谈的走向如你所望。否则，你很可能被客户带进被动的“买家系统”。

桑德拉的事先约定是非常有力的工具，它如同一根线，把你对销售拜访的思考和规划完美地串成一条珍珠项链。

当你做了这些精心的规划、充分的预演。会有什么好处。

第一，你会信心满满，胸有成竹。

第二，拜访有相当的概率会按照你约定的框架进行——如果你的事先约定运用得当的话，它会让客户感觉自己在主导谈话，实际上则都在你的计划之中。（我已经无数次地看到这样的情况发生）

第三，灵活应对，收获颇丰。当你大脑中装着清晰的目标、提问清单、应对客户问题的答案及桑德拉式回应方式，会发生什么呢？客户会按照你的剧本和顺序"出演"吗？当然不会！但是，**你总是能找到最佳的时机，以最恰当的方式问出"该问"的问题，因为你大脑里的"天线"非常灵敏，随时能发现"最佳时机"**。

第四，你对自己所使用的方法论（比如桑德拉潜水艇销售法）越发清晰、熟练，你会得到越来越多的"小成果"，从而更加坚定信心，不断完善技能，进入"正向循环"。

这样做拜访前规划会花费你很多时间吗？我的经验是，前三次可能你需要 20 ~ 30 分钟来熟悉和准备，而熟练以后，平均每次只需要 5 ~ 15 分钟。相比于无效拜访、低效拜访的成本而言，这是一项"一本万利"的投资。

如果你对桑德拉"拜访前规划"工具感兴趣，可在微信中搜索并关注公众号：桑德拉销售体系，回复关键词"原则工具"，获取该工具。

关联知识点

- "拜访前规划"工具
- 客户决策演员角色表
- 痛、预算、决策

关联原则

- 原则 3　跳出"买家系统"
- 原则 13　建立科学的客户开发系统
- 原则 47　有效复盘才是成长的关键

思考题：

客户不一定按照你的规划“出演”，为何你还要做好“拜访前规划”？

行动：

制定一份你的“拜访前规划”工具，把它变为你的必备工具。

Part 4

丝滑推进

桑德拉销售原则

原则 18
不要把糖果撒在大堂

这是一部你期待已久的电影，你赶到影院后花了 8 分钟时间排队买零食。最后，距离放映还剩两分钟的时候，你快速抓过花了 50 元买的巧克力糖果盒，迫不及待地想打开。你急匆匆地跑向播放影厅的大门，想要在看电影的过程中美美地享用它。意外就在这一刻发生了：在离大门不到一米时，你被地毯绊了一下。在你突然摔倒的同时，巧克力糖果洒落了一地。

现在，你努力让自己尽可能优雅地站起来，走向座位坐下来。但是，你大部分的巧克力糖果都已经洒落在门口的大堂，这时你看电影的心情、体验已经完全不同了。

想想看，假如你在打开盒子之前能再多等两分钟，等到你坐下来了再打开，结果就完全不同了！

不要依赖撒“糖果”来销售

潜在客户：“你这边做网络整合营销有什么保障吗？”

销售人员：“我们做过很多相似的案例。”

潜在客户：“我们希望能起到真正的推广效果。”

销售人员：“您放心，我们对这个行业很有经验，像您这样的情况，应该考虑站内、站外一起做整合营销；并且，我们要根据不同的行业来做关键词；另外，新媒体也是应该要考虑的一个点，因为……这样吧，我今天和明天先给您做一个方案，方案里面我们会把推进的关键词给您写好，不同阶段的工作重点也跟您说明白，您马上就能感觉到我们的实力了。”

撒糖果与销售有什么关系呢？太有关系了！当销售人员好不容易依约拜访客户，带了“一盒糖果”——也就是销售人员的知识和专长。许多销售人员总是迫不及待地打开他的盒子，恨不得把所有的糖果都倒出来。如同上面的例子，只要潜在客户表达出对产品和服务的一丝关注，销售人员就马上进入展示演讲的状态，重点强调产品的特性、好处，甚至包括其他用户的反馈意见。“糖果，糖果，更多的糖果！”

所有关于你的专长的这些“糖果”，都应当在某个时机才倒出来：比如正式的展示或者在建议书上。不过，即便在那个时机下，你也不应该一股脑儿地倒出来，而是只聚焦在你和客户此前达成共识的“痛”上面，而且要和客户共同讨论。

可悲的是，有许许多多的销售人员，一旦不让他“撒糖果”，他就不知道该说什么、做什么来推动销售进展了。（*参考原则 37　没有“痛”，就没有销售*）

把“糖果”留到恰当的时候

在销售拜访的开始阶段，即“手机信息”阶段，销售人员的“糖果”必须留在盒子里。这个阶段你的任务是向客户提问，收集需要的信息，全面地理解客户的问题和需求。销售人员的任务是探寻客户想要解决的问题或需要达成的目标，确定自己的产品或服务是否真正适合需求，而不是把所有的“糖果”全撒到地上！

许多销售人员都习惯性地“撒糖果”，原因可能在于：

- 他们在公司接受到了详细的产品培训
- 他们内心渴望看起来“很专业”，这让他们感觉良好
- 这让客户感觉到他们很有诚意为客户服务
- 不知道除此之外还可以做什么（说什么）

- 他们自认为这样能打动客户

当你过早“撒糖果”之后，很可能会发现下述的情况：

- 客户说“并无特别之处，别人家也都差不多”
- 客户让你反复修改方案
- 客户说“再考虑考虑”
- 客户得到你的方案和价格后，就不着急了
- 你的思路、方案跑到了竞争对手的邮箱里

坏消息：你已经掉入了客户的“买家系统”。更糟糕的是，你是自己主动跳进去的，甚至还得意洋洋，自我感觉良好！

切记，在客户亲口承认他的“痛”（不是表面的需求）之前，不要着急“撒糖果”！直至你得到了足够多的信息，确定能够充分理解这个业务机会时，才是你打开“糖果盒”的时候。

是的，作为销售人员应该帮助潜在客户购买。但是，在开始阶段，帮助他们的最好方法是通过提问题，了解事实状况。销售人员应该尽可能少说，而让客户尽可能多说。销售人员的任务就是获取信息。把自己的“糖果盒”保存好，等到合适的时候再打开。

关联知识点	• 买家 – 卖家的博弈 • 积极聆听
关联原则	• 原则 36　停止兜售 FAB（特性、优势、价值） • 原则 45　你最好的方案展示，是客户看不到的

思考题：

怎么才能既不用立刻“撒糖果”，又能展示自己的专业性？

行动：

找出你在销售拜访中发生过的太急于提供信息的例子。问问自己：为什么我迫切想要提供这些信息？想一想，在当时你可以有什么不一样的做法？

原则 19

如果你感觉到了，就柔和地表达出来

“何老板，您好！”这是H酒店集团的代表周强第三次来找何老板了，何老板在本市有5家自营的酒店，周强希望促成他加盟H酒店集团。前两回双方进行了一些基本的交流，何老板虽然不拒绝交流，但也一直没有表现出明显的意向。

“何老板，自从上次见面到现在，我们又吸收了10家酒店，现在加盟酒店已经近500家了。这是我们之前提到的服务标准细则，您看十多个大项方方面面都考虑到了……”

“哦，好。”何老板瞄了一眼资料，并未细看。

“这是我们统一的营销支持，能够提升入住率和人均消费。您有什么疑问吗？”

“没什么特别的疑问。来，喝茶。”

看到何老板像挤牙膏似的聊天，周强感觉有点儿尴尬，于是开始拉拉家常：“您暑假是不是带孩子去自驾游了，我看您朋友圈发的照片很漂亮。”

“嗯，我带他到青海湖去了,几个朋友一起，都带着小孩。”

氛围似乎逐渐回暖，周强又开始了新的试探。

“您这边还能腾出大半个月时间出去玩，很不错了。许多老板都对酒店的员工日常管理感到头疼，您这边有没有遇到……的情况？”

“还好吧，毕竟也做了十多年了。”

“前两天见到王总，他之前是××酒店的，后来也加盟了我们，听说你们挺熟的。”

“说起来，我和他还是半个老乡。”

“何老板，您这茶还真不错！”

周强试了各种方法，总感觉气氛不温不火的，有点儿没话找话的尴尬，一谈到业务就有点儿刀枪不入的感觉。就这样，周强又一次铩羽而归。

不要掩耳盗铃

销售中，难免会碰到“卡住了”的时候。有时，你会发现自己处在和周强一样的境地，客户虽然没有拒绝你，却在敷衍你，变成你一个人在那里“尬聊”；有时，你感觉到客户一直对你的产品和能力持怀疑、戒备的态度，让你倍感压力；有时，客户盛气凌人，甚至还有点儿敌视态度。不管是哪种情况，不管有什么理由，总之气氛让人不舒服。

每当碰到这种情形，销售人员通常会有两种常见的反应。

第一种，放弃。空气中弥漫的不适感（可能是尴尬、压力、敌意或其他感觉）让人难以忍受，让人下意识地想要尽快逃离——“很抱歉，今天打扰你们了”。

第二种，视而不见，继续进攻。这是许多传统销售培训和老师的教导：销售人员要忽略客户和自己内心的感受，像个战士一样去战斗。

“何老板，我给您申请到了全集团最优厚的条件……”

“何老板，过了这个季度，我们的加盟费用就要涨了！”

“我确信这对您是个绝佳的机会，您回头一定会感谢我的！”

“何老板，下周我请我们领导过来跟您一起沟通。”

换种方式，柳暗花明

桑德拉认为，既然“卡住了”，我们就应该正视这个情况，去化解它，而不是掩耳盗铃，假装它不存在。

> “何老板，谢谢您的时间。不过聊下来，我感觉您其实对加盟我们不太感兴趣，您都不怎么接我的话茬儿，弄得我也感觉挺尴尬的。不知道我的理解对吗？”

接下来，你只需要竖起耳朵、瞪大眼睛，认真倾听和观察客户的反应。同样，面对咄咄逼人、盛气凌人的客户，你可以这样回复。

> “王总，您是一个特别有气场的人。说实话，跟您谈话谈到现在，我感觉您对我们是有意见的，弄得我也压力很大、有点儿战战兢兢的。我想一定是我哪里做得不好，才会造成您这样的反应，是吗？”

勇于面对眼前真实存在的难堪、尴尬、压力、敌意等，并大方地挑破它，把它放到桌面上来谈——当然，以一种柔和的方式。这样做有几个好处：

1. 你不必再一个人面对压力。现在，它变成了客户和你共同的问题，客户需要一起来面对。

2. 当化解了眼下的状况，也就为接下来重新建立更和谐的沟通创造了氛围。

3. 避免了客户继续用这种方式来回应你、给你施压。因为它已经被挑破了，不起作用了。

4. 认真观察客户的反应，你会更接近真相，从而提升效率。

5. 展现出你是真诚、优雅、可信赖的，也是淡定、从容、有力量的。

关联知识点

- TA 心理角色
- OK – Not OK
- 傻子曲线

关联原则

- 原则 1　享受销售，才能持续成功
- 原则 9　把你的“孩子”留在家里
- 原则 28　巧妙示弱，以柔制胜

思考题：

回想在客户开发过程中，你使用了哪些方法去化解客户给你的压力和尴尬？

行动：

回顾一个你最近遇到压力、尴尬的真实场景，写下符合这条原则的“应对话术”。

原则 20 以退为进，不销而销

客　　户：“肖经理，你们这个婴幼儿的品牌我们做了五六年。说实话，风险大，不赚钱，压货多，指标还每年涨……”

销售人员：“王总，说实话，我非常理解您的心情。我感觉好像任何解释都是多余的，您似乎已经决定不跟我们合作了。”

客　　户：“我看快没法合作了。”

销售人员：“呃，我太难了。如果您是我，要怎么做才能挽回像您这么重要的客户，又符合公司的要求呢？”

客　　户：“加大市场支持，减少压货量……”

面临攻击时，以退为进

很多时候，客户会“攻击”销售人员：“你们的东西完全没有优势”“你们的运算速度很糟糕”“你们太贵了”。销售人员常规的做法是：解释、辩解、说明对方的逻辑是有问题的，等等。本质上，销售人员这样做其实是在“进攻”——即便销售人员尽可能用适当的措辞、柔和的语气来掩饰其锋芒。这样做意味着几个可能的挑战：

1. 你要说很多、很多，还未必能说服客户。

2. 你站在了客户的对立面，激发了客户的争强好胜心，一场“嘴仗”或辩论在所难免。

3. 客户感觉“不 OK”，而你是造成这个局面的人——换言之，客户可能不喜欢你。

4. 沟通效率低，效果可能也不好。毕竟，客户其实是被他自己说服的，不是你。

销售人员要做的应该是借力打力，帮助潜在客户去发现自己的需求，从而实现自我说服。最终达到以退为进、不销而销的目的。

如同上面的例子，“以退为进”避免了针锋相对的“火上浇油”，避免了大费周折且效果不佳的解释，迅速把客户带回“积极”的可能性探讨中来。

无处不在的“以退为进”

当客户发出“积极的信号”时，许多销售人员会“得意忘形”，乃至更使劲地推动销售。比如，客户说“你们的产品还是挺不错的”。这个时候销售人员很可能难以抑制内心的亢奋和激动，马上接话：“那我把合同发您看看”。客户的心里可能会嘀咕：“这也太快了，是不是有什么问题我没考虑到……”

如果你理解了客户的购买心理，那不妨试试桑德拉式的回应。

> “谢谢张总，老实说我感觉有点儿意外。我刚刚还以为您对我们的产品没有太大的兴趣呢。我很好奇是哪一点让您觉得比较匹配您的想法的？”（潜在客户可能就会再具体描述一番，客观上加强自己的印象，坚定自己的想法——他在自我说服。）

常先生是股权投资经理（FA 角色），他刚刚学习了桑德拉公司两天的课程，参与桑德拉的“实战案例辅导”不过一个礼拜（桑德拉实战辅导就是回到你的真实案例场景，逐字逐句用桑德拉方式对练），他把自己的应用案例发到了我们的交流群，让我感觉颇为惊喜。

常先生：“王总，我知道您项目很多，可能根本不差一个金融支付类的项目，我估计您不一定愿意花时间来做了解，毕竟找您的人太多了。”

客　户：“那也不是，好项目还是值得花时间的，你说说看。”

常先生：“嗯，这个项目已经是 B + 轮了，半年前 B 轮的投资者已经浮盈 5 倍了，但我也清楚，未必就一定适合您，毕竟您是业内出了名的有原则和准则的投资人。 如果聊下来不合适，您可以随时告诉我，不耽误您宝贵的时间。”

客 户：“你过来这边，我们详细聊一下。”

常先生告诉我们，客户是行业内知名投资人，一开始只是想让下面的团队简单聊聊，后来客户亲自泡茶并跟他单独聊了一个半小时，还约了创始人下周共进晚餐。

来看看生活中的例子。

“亲爱的，最近这部 ××电影评价挺高的，不过我知道你一直都不喜欢武打类题材，我想你应该还是不感兴趣，是吗？”

又或者——

“因为之前的这段不愉快经历，我想你是绝不会再去那家餐厅了，是吗？”

某种程度上，“以退为进”的方式创造了一个空间、一种氛围，让对方/客户可以自我发现，自我评估。这可以快速拨开迷雾，接近事情的真相。

保持一致性

“老师，我都以退为进了，客户怎么还不买？”

“老师，我用了钟摆原理，客户为什么还是没反应？”

一些刚学习桑德拉课程的人经常会这样问。显然，他们把“以退为进”看成了“王炸”，总想用它来“一把搞定”客户。毫无疑问，“以退为进”是一个强有力的销售工具，但它不是孤立存在的。必须要结合潜水艇系统的整体流程，必须和底层哲学相兼容。比如，允许客户说 No、勇于发现真相；协助客户购买，而非高压销售；总是在甄别，而非总是在成交。

脱离这些底层理念的支撑，想靠“王炸”一把拿下客户，本身就违背了桑德拉的销售思想和哲学。因此，看问题要保持一致性，要学会系统地使用潜水艇系统以及桑德拉的其他工具和方法。

关联知识点

- OK – Not OK
- 傻子曲线
- 钟摆原理
- 消极反向提问

关联原则

- 原则 24　大多数反对意见可能是你自找的
- 原则 28　巧妙示弱，以柔制胜
- 原则 35　傻一点，卖更多

思考题：

“以退为进”后，即使得到的真实答案非你所愿，那也是积极的事情，为什么？

行动：

接下来三天，至少在生活和工作中尝试一次“以退为进”。

原则 21 积小胜成大胜

“王经理，感谢您今天来给我们做方案讲解。作为中国区经理我非常满意这次会谈。您也看到了，亚太区总部的同事也参加了这次会议，他们的评价也很积极。”

“非常感谢。十分期待我们的合作。”

一个月后。

“王经理，这次的项目计划没有批下来，我们可能暂时不能合作了。”

“哦，是什么原因呢？”

“嗯……亚太区的高层领导 Steve 提出了疑虑。 他去年底才上任，今年又碰上疫情，有些国家的业绩是下滑的，所以从亚太区整体成本管控出发，他暂时不想花这笔钱。”

“唉，您这边中国区的业务去年增长是很好的，早知道我们应该先从中国区的业务开始，虽然业务量小一点。”

运用“猴爪”策略

能够有机会推动潜在客户上一个大项目，销售人员的心情一定非常激动，毕竟谁不想把生意做大呢？能做大订单，当然是好事，大家都喜欢这样的雄心壮志。不过，凡事都有两面性。对客户而言，采购大的订单，是一个重大的承诺和决定，往往意味着更多人力、物力、财力的投入，甚至可能涉及更多的人员会影响和参与决策。

客户已经处于做出重大采购决策的压力中，如果你还坚持使用“高压销售”的策略，可能会给客户带来不适感，甚至带来逆反心理；如果你“请求”

或“乞求”订单，也会给客户增加感情压力，同时让你处在“低人一等”的位置。这时候，不妨让客户“放弃挣扎”——从一个小的产品、小的决定开始，客户不需要“挣扎一番”才能下定决心，而是很容易就可以做出决定。此外，客户也不必再浪费时间重新去和别的供应商沟通，一定程度上来讲，你也为自己规避了一些竞争。

销售人员：如果您的团队能够把去毛刺、最后加工与抛光工序合并在一起，对生产效率可能会产生什么样的影响呢？

潜在客户：理论上应该会更好，但好到什么程度，我也不知道。

销售人员：那如果有一份数据模拟比对的影响分析，对您会有价值吗？

潜在客户：那会有价值的。

销售人员：我们可以为您做这件事情。我们的分析报告将会提供所需要的数据，帮助您做出生产线的配置决策。而且投入只需要1万元。您觉得我们可以从这里开始吗？

潜在客户：这个作为第一步应该很不错。

从客户容易做出决定的一个小订单开始你们之间的业务关系，在桑德拉系统中被称为“猴爪”策略。这样做有几个好处：

1. 让客户更容易做出采购决定，从而获取订单。

2. 开始与客户建立正式的业务关系。这样，作为“合作伙伴”的你，将有机会和空间接触到更多的人，了解到更深入的业务情况。而这些都是之前作为“局外人”的你很难获取的。

3. 伴随着客户的成长而自然成长。

分一杯羹

“积小胜成大胜”在实际操作中也至少有两个方法。其一是从一笔小订单开始；其二，则是在没有把握赢得大生意的情况下，将大生意拆分，只取其中有胜算的部分。

“经理，石化厂这次的聚乙烯造粒新产线项目采购额将近3000万，我们和竞争对手相比，在挤出设备、控制系统上都没有优势。我们需要继续投入资源去竞标吗？”

“如果我们全线竞争的话，最后可能赢不了，一分钱生意也做不成。我们的竞争优势在控制仪表和在线检测上，如果我们建议客户分开招标的话，很有可能获得这一部分业务，虽然只有不过四五百万的采购额，但是至少在客户那里挂了号，将来还有机会。这样你觉得有可能说服客户吗？”

“这是个好办法！从我们前期投入资源做的工作来看，建议客户拆分投标是很有可能的，我立刻准备。”

有时候我们容易被“大机会”冲昏头脑，只顾全力以赴冲锋陷阵，硬着头皮想要“赢下所有”，结果却可能一无所获。有时候不妨先考虑赢下“优势业务”，从而为将来赢得更多业务创造可能性。

从“备胎”到“首选”

数年前，某外资工业集团K在中国有几家不同的公司，每家公司都有数十亿元的年营业额。他们有一家合作了五六年的供应商，为K集团提供短期销售培训的轮训。我们的销售人员曾试图开发这个客户，但因为客户对桑德拉的“实战辅导”和“强化训练”没有切身感受，没有深度分辨销售课程品质的能力（我们接触的是HR），而我们的价格比竞争对手高出不少，因此一直没有成功。

一个偶然的机会，集团下属一家公司S要在亚太区的会议上做一天的培训，需要用英语授课（商务演讲的主题），客户想到了我们。从那次的小项目合作开始，我们接着获得了一次两天的销售培训课程，由于反响极好，我们的合作范围逐步拓展到S公司的销售和技术服务队伍，并扩展到沟通、谈判课程，后来客户终于认识到桑德拉“实战辅导”的价值，开始购买我们的核心服务。如今，我们已经和这家集团下属的四家公司都建立了超过三年的长期合作关系，服务内容覆盖了一线销售、销售管理、销售体系建设等方方面面，并且都是长期实战辅导的形式，而非短期“刺激式”培训。

有的时候，由于品牌、市场、客户关系、历史合作记录等各种原因，你或许很难一下子成为客户的核心供应商或首选供应商；这个时候，你需要的可能只是一个“小机会”，用以推动整个“多米诺骨牌”。当然，前提是你必须用产品和服务赢得客户的信任。

关联知识点

- “猴爪”策略
- 决策地图

关联原则

- 原则5　高压销售有时也能成单，但不代表它有效
- 原则43　不要逼单，学会与客户共舞

思考题：

结合自己的实际情况，思考在符合哪些条件的情况下，值得去尝试“积小胜成大胜”？

行动：

结合自己的实际情况，列出可以作为你的“猴爪”的产品/服务，并开始有意识地使用它。

原则 22

不要给客户画“海鸥”

南希是公立学校的二年级学生。她刚刚在美术课上作了一幅画。考虑到她还只是“有前途的年轻艺术家”，她画出来的房子、太阳还蛮不错。但是，很显然，画面看起来有失均衡，因为她把物体都画在了画布的左边。

南希的老师看完这幅画后说：“南希，这幅画看起来还不错。不过，右边空得太多了。”于是老师拿起笔，在画的右上角加了一只海鸥。

那天晚上，南希很安静，有点儿闷闷不乐。在餐桌上，南希爸爸问她是不是有什么不开心的事。她拿出那幅被揉得皱皱巴巴的画，爸爸轻轻地把它打开，仔细端详着那幅画。“南希，这幅画相当不错哟，”他说，“我特别喜欢这只海鸥。”南希一听到这句话，哭着跑开了。

后来她爸爸了解到老师添加的海鸥就是南希不开心的原因，于是他去找美术老师沟通。老师拿出了她在美术方面的各种获奖证书，为自己辩解。她坚持认为那幅画的右边确实需要点什么。因为并不满意，南希爸爸找到了学校的校长，之后他又找了自己的律师。

一场又一场的争辩无济于事，最后上了法庭：关于表达自由、教育者角色以及精神郁闷等方面的证词持续了几个小时。听完两边的陈述，法官问南希为什么画面上的海鸥会让她如此难过。南希回答：“因为我没看到它在那里。”案子结了，判决对南希有利。

这个故事给我们的启示：在销售人员做销售拜访前，客户脑子里可能已经存有一幅有关需求的图像。销售人员对这幅图像做出的任何改变都可能让客户感觉不舒服，就像南希那样。这样做可能让客户产生不信任感，甚至拒绝接受你的产品或服务。如果改变是为了更好地满足客户的需求，你也必须找到一种方法，让潜在客户自己发现这种需求并欣然接受。

小心，别让专业知识害了你

自认为产品知识丰富、见多识广的销售人员很容易自以为是地去向客户展示自己的“额外优势”，希望以自己的专业性提高胜算，或者期望得到潜在客户的称赞，获得良好的感受。但别忘了，销售人员的最终目的是拿到订单！

“王总，我觉得您的工厂必须增加一个防爆装置。自从 X 市发生爆炸事件以后，国家对工厂安全管得更严了，使用我们这套有隔爆功能的设备对你们非常有必要。”

“您说得对，安检员先生。不过我们的车间条件我们自己清楚。”

“张先生，我给您的保险建议书上添加了一个海外医疗保险，对像您这样经常海外出差的客户应该很有必要。”

“谢谢。不过我已经从上个月开始转岗做国内市场管理，不用经常出差海外了。”

想当然地对客户的方案做改动，很多时候会弄巧成拙，甚至会让人反感。

学会问更好的问题

提出一些好问题有助于销售人员让客户自己发现、自己决定是否有必要做出改变。好的问题让销售人员可以自己探索，而且可以安全地获得客户的反馈，而不是自己画“海鸥”。

以下是一些帮助销售人员“试探”的问题：

- 您认为（海鸥）会更加有效地满足您的需求吗？
- 我有一个类似你们应用的客户，他们考虑增加（海鸥）应对某种特殊条件，你们会有这方面的考虑吗？
- 您并没有提到（海鸥），对您来说可能意义不大，是吗？
- 如果我们把（海鸥）加上去，可能并没有特别的价值，对吗？

针对以上情况，如果客户的反应是肯定的，销售人员可以简单地问“为什么呢”？通常，客户就会解释为什么想要这只海鸥。

如果潜在客户的反应是否定的，那么销售人员可以这么说：“嗯，我也不认为这样。”你仍然是安全的！可以全身而退，也许某一天可以再找到合适的机会，换个角度提这件事。

总之，如果“海鸥”最终出现在了客户的画中，也应该是他自己加上去的。

关联知识点

- 假设性提问
- 第三方故事
- 钟摆原理

关联原则

- 原则 28　巧妙示弱，以柔制胜
- 原则 35　傻一点，卖更多

思考题：

“画海鸥”指的是什么，为什么这样做是有风险的？

行动：

1. 想想你曾经在客户的画中增加“海鸥”的情形，客户有什么反应？

2. 找出你认为对客户是“增值”但往往不在客户感知范围内的那些产品或服务的特性。设计一些“试探性”问题，帮助你以一种比较安全的方式介绍给客户。

原则 23

在炸弹爆炸前拆除引信

“陈工，感谢您的认可和关照，期待与您的合作。但有一件事我需要提前跟您说一下，我们的设备是 100% 原装进口的，所以不提供安装接口。如果我们合作，您可能需要在国内定制合适的过程连接接口，这个您可以接受吗？”

“那我们还要再找个配件管道加工厂做配套接口？”

“配件管道加工厂的厂商我们倒是可以帮您推荐，就是多了一个程序。很抱歉给您带来麻烦。”

“我们公司选择供应商入库比较麻烦，还有别的方式吗？”

“或许也可以考虑打包到我们的设备价格里，只是还需要一小笔额外的接口费用。”

现实中，没有 100% 完美的产品，也没有 100% 完美的供应商。有时，面对自己的短板和劣势，很多销售人员会刻意选择回避，因为他们担心面对来自客户的压力。可是随着业务的进展，销售人员可能会感到越来越紧张，因为他们担心“炸弹”会随时爆炸。但是，很多人依旧选择坐立不安地等待——要么蒙混过关，要么“炸弹”爆炸。

不要做这样的销售人员！如果你的产品或服务曾重复出现什么问题，不要把自己置于那种存有侥幸的心理压力中，在客户爆发前，你自己要把问题提出来。换言之，先拆除引信！

拆掉你这边的“炸弹”

主动把问题说出来，会让你更容易处理那些可能发生的拒绝，而不至于等到问题出现了才不得不为自己“辩解”。这种策略几乎可以用于销售（或售后）中任何可能遇到问题的环节，比如：财务、信誉、交付时间、库存状态等。在你和潜在客户可能发生冲突前，提前说出来与客户共同讨论。

> “王姐，谢谢您的信任，愿意从我们团购平台下单。不过有件事我得提前跟您说一下，我们有的时候会遇到大量的团购订单，物流订单积压比较严重，发货就会慢一些，有可能最多需要一个星期的配送周期，我不知道这个对您影响大不大？”
>
> “这种情况经常出现吗？”
>
> “那倒不会，在订单量超过 100 万时才会出现这种情况。您也看到了，正是因为团购量非常大，才能拿到这么优惠的价格；当然，另一方面也的确导致了一些配送问题。”
>
> “出现这种问题的时候，能不能提前跟我说一声？”
>
> “当然。”

不要因为害怕在客户那里“丢面子”或者“因弱势而失去签单机会”，而忽略最重要的问题。事实上，当你站在客户的角度，事先主动把这些问题拿出来讨论清楚，在客户看来会显得你更加专业，至少更诚实可信。如果这样的障碍确实会让你丢单，那么最好现在就停止下一步。当然，选择“恰当的时机”，也是很重要的。

把客户那边的“炸弹”也拆掉

> “李经理，感谢您的信任，我们很愿意为您提供试用和测试。根据

过去的经验，我们对结果也比较有信心。您提到测试之后会写分析报告呈给韩总，让他拍板。我最大的担心是如果韩总没有在现场看到、切身感受到我们产品的差异，到时候他可能也会质疑您的立场，毕竟我们的价格比同行高出35%。”

“那你有什么建议吗？”

“您看我们能不能这么操作……”

如果担心某件事会成为你成交路上的“炸弹”，那为什么不在事前就拆除掉“引信”呢？这也是销售人员保护自己、提升效率的重要手段之一。

关联知识点

- 事先约定
- 事先解除反对意见

关联原则

- 原则 11　你不会失去还没得到的东西
- 原则 30　要想知道未来，最好拉回到现在

思考题：

提前“拆除引信”可能带来哪些好处？

行动：

找出你在销售中经常碰到的三颗潜在“炸弹”，列出一些在销售早期可以做的事情/问的问题，帮助自己避免在后期受到伤害。

原则 24

大多数反对意见可能是你自找的

销售人员 A："我们在这一行已经做了 30 多年，具备丰富的经验和技术积累，相信一定可以帮到你们。"

客　户　A："我们的行业比较特殊，需求也比较复杂，跟你们之前碰到的客户不一样。"

销售人员 B："我们的投资产品 X，收益率比同行能高出 50%左右。"

客　户　B："那风险可能也比较大。"

销售人员 B："您放心好了，我们过去 4 年的历史数据都是很好的。"

客　户　B："过去的数据并不能代表未来不出问题啊。"

销售人员 B："那您考虑我们的 Y 产品吧，它的稳定性比较好，风险比较小。"

客　户　B："可是它的流动性好像又差了一点。"

客　户　C："你们的服务太贵了。"

销售人员 C："一分钱一分货呀，我们的检测服务是行业内范围最广、精度最高的。"

客　户　C："可是我们很少用到那么高精度的。"

销售人员 C："您是头部企业，肯定用得到的。"

在很多销售培训当中，处理客户的反对意见都是一个重要的部分，甚至会花大量的篇幅来教导如何"搞定"客户。于是，我们看到无数"似曾相识"的套路，销售人员故作镇定，深吸一口气，在心里默数，尽可能语气平和地说："我能够理解您的想法，一开始我也是这么想的，只是如果您换个角度看这个问题……"效果如何，相信很多人都已经观察到了。

你是否想过，销售人员甚至根本无需处理反对意见?!之所以这么说，有两个原因：第一，80%的反对意见是你——销售人员自己创造出来的，如果换一种沟通方式，那么这些意见可能根本不会出现；第二，就算仍然有20%的反对意见，也可以用一种"不处理"的方式来处理。

80%的反对意见是销售人员创造出来的

如果你仔细留意一下，客户之所以有那么多反对意见，销售人员的销售方式可能是主要的诱因，甚至可以说销售人员要负主要责任（参考*原则12 如果你脚疼，可能是你踩在自己的脚趾上了*）。客户的反对意见，很可能跟下列原因有关：

1. 你表现得太有攻击性了。换言之，你太像一个传统的销售人员了。或者表现得目的性很强，你滔滔不绝、自卖自夸的时候，会激起客户本能的自我保护机制——客户想要把你"拉下来"，想要打击你的气焰，从而可以让自己处于优势的心理地位。

> "虽然我们公司已经有30多年的历史，也的确服务过像A、B、C等客户，但坦率地说，我们也不敢确定一定就适合您，因为我还不够了解您的需求和关注点，这也是我今天来的主要目的之一。"

试想一下，如果换做这样的表达，类似开篇情境中销售人员A的窘境就很有可能避免了。

2. 在客户没有承认他的"痛点"之前，你已经开始兜售FAB（特性、优势、价值）了。人们喜欢购买，但没有人喜欢被推销。

> 销售人员B："一般投资都会关注安全性、流动性、收益性三方面，不知道您对哪一块最关注呢？"

客　户　B："都重要，但流动性一定要好。"

销售人员 B："这有点儿出乎我的意料，我还以为您会选收益性，这是为什么呢？"

客　户　B："因为……"

而当客户跟你解释原因的时候，也是他进行自我销售、自我说服的时候。

3. 未经客户许可，就给客户画蛇添足，或是强推你的个人想法。

销售人员："要不我先把合同发给您看一下？"

客　　户："哦，没这么快，我还得先考虑考虑。"

如果换成这样沟通呢？

销售人员："赵总，您看接下来我们要怎么配合您？"

客　　户："我需要让技术负责人一起参与讨论、确认，没问题了咱们就可以签合同了。"

4. 提前解除可能的风险，你就不会遭遇所谓的"反对意见"了。（参考*原则 23　在炸弹爆炸前拆除引信*）

如果你在以上几点上都表现得"与众不同"，80% 的反对意见可能根本就不会出现。很多时候，是因为销售人员让人觉得"太烦了"或者"不安全"，客户才会有很多的反对意见来"怼"他。

对症下药，四两拨千斤

至于剩下 20% 的反对意见，也可以分几种情况来看。

第一种情况是客户下意识的一些反对意见，例如客户随口而出的"这么贵啊！"又或是"我们已经有合作很久的供应商了。"这种情况下，不必着急揣测客户的意思，而是利用装傻、发问等技巧搞懂客户的真实意图。在桑德拉，这叫作"不要回答陈述句"。

第二种情况是客户刻意提出一些反对意见，用以施压，使你让步。这个时候，你的工作重点应该是确保客户“自我感觉良好”，同时重点解决情绪问题，参考方法为：直面它、谈论它、结束它。解决反对意见之前，先解除对抗情绪，因为客户的反对意见或许不是真正的反对意见，只是一个施压手段。

到目前为止，你已经排除掉95%的反对意见了。最后一部分“真正的”反对意见，你需要做的就是“以退为进”，让客户自己解除。毕竟客户不是被你说服的，而是被他自己说服的，解铃还须系铃人。聪明的你，已经知道开篇案例中客户C的反对意见应该怎么处理了。（参考*原则20　以退为进，不销而销*）

如果你还在花时间学习如何处理反对意见，但是反对意见仍然层出不穷，弄得客户和你都筋疲力尽，可能你需要反思一下你所使用的销售方法“根儿上”的问题。因为一棵树根有问题的树木，会长出无数有问题的“枝叶”和“果实”，任凭你后期怎么补救，或许都是徒劳的。

当你对桑德拉的销售系统融会贯通的时候，你会发现——反对意见几乎不见了。

关联知识点

- 傻子曲线/好奇曲线
- OK – Not OK
- 不要回答陈述句

关联原则

- 原则20　以退为进，不销而销
- 原则23　在炸弹爆炸前拆除引信
- 原则26　千万，千万别像个销售人员

思考题：

你遇到的常见的反对意见有哪些？

行动：

把你遇到的 Top5 的反对意见列出来，对照本文内容的分析，找出解决方法。

原则 25
签单，或者结案

很多销售人员被反复教导不要接受客户“No”的回答，而是要继续跟进、持续进攻。因此，当潜在客户说“No”时，销售人员下意识地就从脑子里开始搜寻“异议处理”的技巧，马上回应过去，试图把“No”变成“Yes”。当然，客户也会发展出一套对付这类销售人员的方法。双方开始交锋，这个过程一直持续下去，直到有人黔驴技穷。当然，大多数时候是销售人员落得筋疲力尽、一无所获的结局，而客户则感到不太愉悦，甚至不胜其烦。

不要一厢情愿

当销售人员不愿意接受“No”的回答的时候，客户能感觉到，他会利用你的这种心态，使你陷入被动。（参考*原则 31　允许客户说 No*）

这种心态在某种程度上就如同鸵鸟把头埋进了沙子里，不愿意去面对真相。坚持想要得到“Yes”，拒绝听到“No”的回答，将会把销售人员引入一个死胡同。结果就是浪费时间、精力以及资源，而原本可以把这些投入到其他更好的机会中。如果潜在客户的购买决定真的是个明确的“No”，那么销售人员最好能尽早发现这一点。及时止损，尽早把精力和资源投入到其他更有可能签单的机会中！

“你那个潜在客户廖阿姨来参加我们保险公司的活动很多次了，看起来也不排斥购买保险，怎么就下不了决心呢？”

“廖阿姨的保险意识的确很强，但是她之前没有买过，现在年龄大了，能够买的险种有限，或者价格过高。现在我在推的几个险种，她一直在纠结预算的问题。”

“那你准备怎么做呢？”

“嗯，我想想。现在的价格对她来说确实不划算，要不我还是果断地建议她不要买了吧。然后我再帮她分析下她家其他人是不是有更需要、更合适的险种。”

在某个合适的时间点，销售人员必须做出果断的决定——签单或者结案。怎么才能知道这个时间点呢？通常直觉会告诉自己，跟客户已经走到这个点，是时候做个了断了。如果销售人员还不知道，或者认为自己不知道，可以问下自己的销售经理，或者与同事讨论一下，听听他们的看法。

一味地拖延、回避客观上是“No”的机会，或许会让你心理上有所慰藉（或许也可以让你应付销售经理的问询压力），但也说明你还没有真的“放下”它，你还害怕“No”，这就会占用你的大脑“内存”，消耗你的心理能量。即使你的业务模式是“大项目”销售，在某个具体的订单机会面前，你也需要客观分析此次订单的成败概率，从而决定是继续跟进还是放弃。这与你长期深度耕耘、经营这个客户并不矛盾。

主动“结案”也是一个选项

有时，一个订单已经拖延了非常久，迟迟没有结论，你却一直放不下；有时，一个并不优质的机会，需要消耗你过多的能力和精力，才有可能拿下；有时，某个客户总是提出过多不合理的要求，又或者需要你的“特别关注”，需要从你身上获取“优越感”，让你感觉到内心很不舒服。

当销售过程进行到某个时间点，建议你客观地评估当前正在跟进的机会，发现真相，勇于面对，并做出果断的决择。许多销售人员之所以无法做到“主动结案”，是因为他的销售漏斗中潜在机会太少，导致了“不愿面对真相”的侥幸心理。解决这个问题的关键，是建立稳定的客户开发系统。

为了提升你的销售效率，其中一个选项就是及时止损——主动结案、主动退出。因为销售不仅仅要考虑某个订单的得失，还需考虑整体效率、你的职业尊严和自我价值感。

有时候，无休止的拖延带来的资源浪费、心理耗损更大，不如做个果敢的决定——签单或者结案。

关联知识点

- （4+1）积极的拜访结果
- 本体/角色
- 成功金三角

关联原则

- 原则6　协同发展“成功金三角”
- 原则12　如果你脚疼，可能是你踩在自己的脚趾上了
- 原则31　允许客户说No

思考题：

为什么大多数销售人员很难主动“结案”？

行动：

检查所有已经拖了较长时间的业务机会，重新评估，做出“签单或结案”的选择。

步步为营

Part 5

桑德拉销售原则

原则 26
千万，千万别像个销售人员

小明是小学三年级的学生，今天是他的生日，他邀请了很多同学到家里来过生日。其间，家长问道："你们长大了想做什么工作？"

"我要做律师，因为我爸爸就是大律师。"

"我要做老师。"

"我要做画家。"

"我要做飞行员。"

"我要做警察。"

"我要做医生，像我妈妈一样。"

对于未来，家长和孩子们都有许多憧憬和梦想。但你几乎不会听到孩子说"我要做一个销售人员"，更不会听到父母对孩子说"好好学习，长大了当一个优秀的销售人员"。

的确，在人们的心目中，销售并不是一份令人尊敬的职业，甚至都算不上是专业人士。

销售人员很难被信任

生活和工作中，我们会碰到形形色色的销售员。当我们闭上眼睛想到"销售"的时候，往往是这样的形象——

- 无事献殷勤

- 目的性强、功利心强
- 滔滔不绝、自卖自夸
- 精明、圆滑、世故
- 套路满满
- 咄咄逼人
- 软磨硬泡、死缠烂打

我们应该问问自己，是否在日常销售中也有类似的言行举止。

当然，并非每个销售人员都是如此。但就整体而言，销售人员留给人们的印象是负面的，他们在日常销售工作中或多或少、或明或暗地表现出一些行为，让人们有了上述负面感受和联想。因此，人们对销售人员有着近乎本能的抗拒和反感，对其信任度很低。在西方的一份报告中，销售人员的职业可信度排在倒数第二，仅高于倒数第一的政客。（参考*原则5　高压销售有时也能成单，但不代表它有效*）

或许你天生腼腆，性格内向，你的销售动机并非如此功利自私；又或许你受过训练，懂得克制自己；但只要你的言行当中流露出与上述典型销售人员画像相关联的痕迹，人们就会在心里嘀咕“又来了一个销售员”，他内心的“防火墙”就会立刻启动，给你制造重重障碍。（参考*原则3　跳出“买家系统”*）

所以桑德拉说：“千万，千万不要像个销售人员！”

树立不一样的形象

不像一个销售人员，意味着你要停止做其他销售人员在做的事情，开始“独树一帜”。

你需要停止这些行为：

- 刻意讨好，过于热情
- 自卖自夸："我们公司拥有 123 年的历史，行业前 5 名都是我们的客户，我们保持了 ××× 记录。"（感觉过于良好）
- "我们的产品优势有：1. ×××；2. ×××；3. ×××。能为贵公司带来每年 ××× 的价值，选择我们不会错！"（总是在兜售 FAB）
- "一分钱一分货，您看我们的材质、工艺……，平均到每一天，成本也就贵几块钱。"（总为自己辩解，总是在试图成交）
- "您如果今天不下单，优惠就没有了。"（威逼利诱）

相反，你可以尝试这么做：

- "虽然我们做了 30 几年了，也的确服务过您行业里像 ABC 这样的客户，但坦率地讲，我不敢说一定适合您。"
- "您刚才特别强调 A 功能和特性，现在我还不敢 100% 确定我们一定能做到，不过我比较疑惑的是 A 功能对您来说为何这么重要呢？"
- "在我们沟通过程中，如果您真的觉得不合适，您随时都可以告诉我，如果我发现我们不能够解决您的问题，您不介意我也直接告诉您吧，这样不至于耽误您的时间。"

重要的是，从开始接触客户，到拿下订单，乃至后续服务期间，你都需要坚守这一准则。时刻要和客户处于"平等"的状态，把"真诚""优雅""可信赖"当作标准来衡量你的言行举止是否得当。

有时候，客户选择你仅仅因为你更可靠、更可信。

关联知识点

- 亲和信任
- 事先约定
- 钟摆原理

关联原则

- 原则 3　跳出“买家系统”
- 原则 5　高压销售有时也能成单，但不代表它有效
- 原则 14　反其道而行之，做不一样的事情

思考题：

1. 在产品和服务高度同质化的时代，你——销售人员，能否成为“差异化”的一部分？

2. 如果“不一样的销售体验（客户体验）”贯穿了你公司的业务流程，或者成为你的销售团队中每个人都具备的能力，这会给你的业务带来什么积极影响？

行动：

列出两件你应当停止或者开始做的事情，从而让自己“不像一个销售人员”。

原则 27
客户“虐”你，可能是你自找的

在甲方公司王总的办公室里，业务员小郑带着一份精心准备的提案，希望能够争取到更多的业务份额。他知道王总是一位非常忙碌且有影响力的人物，因此小郑做好了充分的准备，以确保能够给王总留下深刻的印象。

“小郑，你先等下啊，我先处理一点事。”

“好的王总，没问题，您先忙。”

两个小时快到了，小郑终于看到王总停下了手头的工作以及和其他人的谈话。

“小郑，不好意思，让你久等了。”

“没有，没有，王总，能见到您我很高兴。您是大忙人，我这边不急，等一下没啥。”

“你这边没有什么重要事情吧？ 快到中午了，我一会还有个外出的安排。”

“其实，王总，我这次来是想和您探讨一个可能对我们双方都有益的合作方案。不过，既然您有安排，我们可以另外安排时间详细讨论。您刚刚提到要出去办事，要是您不嫌弃的话，要不我送您？”

“不用了，谢谢，同事已经安排好了。”

世界是内心的倒影

许多人对销售人员缺少发自内心的认同和尊重。更糟糕的是，许多销售人员也自认为“低人一等”。销售人员认为自己需要客户的订单，客户是“上帝”，从而在无形中就把自己放在了“更低”的位置，这会不经意地体现在他的言谈举止之间。许多销售人员都会或多或少地流露出来这种心态，比如表现为：

- 刻意地套近乎、讨好、奉承客户
- 对客户过度的恭敬
- 不敢拒绝客户的过分要求，生怕得罪客户
- 不自觉地表露出“我不重要，您才是重要的”
- 流露出一种“我不值得”的感觉

如果你的“气场”透露出来的感觉是：“我不值得，我不够重要”，客户就会“闻到”这个气息，就会下意识地“骑到你的脖子上”。而相反，若是一个有尊严、有底线、对客户不卑不亢的业务员，客户对他的态度也截然不同。或许，你也会在你所在的公司发现，有些销售人员，大多数客户对他都是平等、尊重的；也有另外的一些销售人员，大多数客户似乎对他都有点儿“居高临下”，甚至是傲慢欺凌。

“小周，你们的设备又不能正常工作了，你赶紧派个人来看一下！”

“好的孙总。不是上个星期我们工程师刚刚去看了吗？应该是你们操作人员操作不当。”

“那你们来不来嘛？！”

“没问题，明天到。”

两周后。

“小周，你们的设备又出问题了，赶紧派人来看下。”

“孙总，又出问题啦？上次检查，是你们供电电压不稳。您这边派

人检查过吗？”

“不是电压的问题，你们再来看一下。”

“好吧……”

客户对你不敬，根源可能在你

如同案例中看到的，作为销售人员，难免会碰到“不讲道理”“得寸进尺”的客户。比如，客户要求销售人员不停地做方案、改方案，销售人员不敢拒绝客户，只好委曲求全、不断地配合，最后却不一定能拿到业务。如果仅仅是一次两次，偶尔发生，或许还不足为奇；但如果经常遇到这样的情况，则需要好好地自我省思了。

其实客户这样“虐”你，其原因除了销售人员把客户当“上帝”或者自我价值感不足以外，也许还有以下几个方面。

第一，害怕丢掉订单的恐惧心理。因为害怕丢单，销售人员会非常在乎客户是否“高兴”、是否“满意”，因此对客户几乎有求必应，唯恐没有服务到位。客户正是利用了销售人员这样的心理特点，不断地套取信息，获取免费服务，最终却不一定成单。

第二，缺少潜在客户/机会。销售人员平时没有稳定的客户开发行为，因此没有足够的潜在客户数量，以致于变得小心翼翼、卑躬屈膝，丝毫不敢怠慢客户。

第三，技巧不足。如果销售人员还在使用传统的销售系统（参考*原则2 别再用传统的“卖家系统”*），就会激发客户使用“买家系统”来应付。而销售人员一旦掉入“买家系统”，被“虐”则是大概率事件了。

无论是因为上述哪个方面的原因，都是内在的原因导致被客户“虐”的，因此销售人员应当学会向内看，不断修炼，只有内在强大了，才能在销售过程中和客户建立相互平等、互相尊重的合作关系。桑德拉倡导的是，让客户感觉舒服，销售人员自身也需要感觉舒服、有尊严。

自我牺牲不能带来持续的成功

虽然销售人员把客户当成“上帝”百般讨好，但客户未必享受这种关系。短期来说，这种不对等的关系很容易让客户感觉到你有所求，你在不断地“取悦他”从而等待交换，而这也会给客户造成某种心理压力，从而无法跟你坦诚交流，甚至变得小心翼翼。长期来说，你把客户“架”在了高位，客户自然无法与你进行平等的、深入的、同频交流，因为你们不处在一种对等的能量状态。

能量对等共振才是最佳客户关系，与客户共舞的过程中，你处在什么样的振动频率和气场，客户就会以相对应的频率气场来回应你。

关联知识点

- 本体/角色
- BAT“成功金三角”
- T－A 交互心理学

关联原则

- 原则 6　协同发展“成功金三角”
- 原则 8　你的内在自我价值感决定了外在表现
- 原则 12　如果你脚疼，可能是你踩在自己的脚趾上了

思考题：

1. 如果靠“自我牺牲”获取了短期的成功，长期来说会对个人造成哪些“内伤”？

2. 为什么一些有经验、有能力的老销售，却失去了对销售的热情？作为管理者，如何保证个人和团队拥有持续的动力、热情以获取持久的成功？

行动：

回顾自己在跟客户的互动中被“虐”的经历，看看问题到底出在哪里。

原则 28
巧妙示弱，以柔制胜

小孙是某外资化工企业中国分公司的一名区域销售经理，他有一个国内客户 A，A 是一家民营企业老板，双方合作了两年多，合作一直很稳定，沟通也很顺畅，小孙与 A 客户的上上下下关系也很好。

一天，A 客户到小孙的城市出差，顺便拜访了小孙的办公室。小孙带领客户参观了他们位于市区核心商圈的新装修的豪华办公室，包括办公区、装有先进设备的会议区、员工活动和健身区、茶水服务区、供员工的孩子休息的游乐区……小孙为自己公司高大上的办公环境、高福利的待遇感到非常自豪，绘声绘色地介绍着公司的各种人性化措施和优厚待遇，兴奋之情溢于言表。客户一路上并没有说特别多的话，只是在参观到小孙宽敞的工位时说了一句“你的工位比我的办公室都大呀”。

客户回去后的第二个月，对接下来批次的订货提出了降价要求，并且立场非常坚定，态度也很强硬。这在过去两年多的合作当中，是很少见的。

感觉良好，是比较出来的

小孙没有意识到的是，他在客户面前表现出的太过良好的自我感觉和优越感，让客户相形之下感觉不舒服了。桑德拉曾经这么说过——“建立与客户亲和信任关系的一个核心秘籍，就是永远让客户自我感觉比你好”。

事实上，每个人在内心深处都渴望一种良好的自我感觉。而其中一个重要的方式，就是通过跟那些不如我们的人对比，从而获得自我的“感觉良好”。相反，如果看到别人在你面前“自我感觉”过于良好，你很可能就会在比较之下“感觉不好”，如同前文开篇的例子。

浏览互联网新闻时，看到特大事故、地震等灾难中人们的悲惨遭遇，我们往往会心生同情，感叹：“这些人真是遭遇了不幸，太可怜了”。与此同时，我们也会因为意识到自己的幸运和幸福而感到安慰，感觉相比之下，日常生活中遇到的小困难似乎都不那么重要了。这就是最基本的人性，当看到别人过得“不好”，人们就会觉得自己相对“过得不错”（感觉良好），内心会涌起一股想要伸出援手的冲动。而这样的助人行为，也会让我们自己感到更加满足，强化了“感觉良好”的积极感受。

让客户感觉良好

职业销售人员要学会使自己看起来“弱一点”，这样你的客户才会“感觉良好”。在潜在客户面前摆出弱一点的样子，能让他们改变对销售人员的不信任和抗拒感。当你表现得弱一点时，你对他们就构成不了威胁。当然，这里说的“弱”，并不是让你表现得愚蠢，或者在专业方面含含糊糊，而是指不要表现得自我感觉过于良好、很有优越感等。

因此，桑德拉建议销售人员学会示弱！尝试一下这么做：

- “张总，我的反应没有您快，没跟上节奏，不太明白您的意思，能不能麻烦您帮我解释一下？”（满脸困惑的样子）
- “李工，我是不是说错什么话得罪您了，我能感受到您好像对我们有一些不太信任，能请您帮我指正一下吗？”（脸上表现出一副柔弱、纠结的样子）
- “王老板，我有一种感觉和担心，我不知道该不该说……”（弱小又小心翼翼的样子）

销售的目的不是展示你的“强大”，也不是让你获得一时的自我满足感、优越感，而是获取更多信息，迈向成交。

关联知识点

- OK – Not OK
- 傻子曲线/好奇曲线

关联原则

- 原则 8　你的内在自我价值感决定了外在表现
- 原则 35　傻一点，卖更多

思考题：

1. 示弱和“真弱”有何区别？

2. 在日常管理、人际互动中，你身边是否有人通过让别人“感觉不好”来获取自己的“感觉良好”呢？

3．内心需要保持什么状态，才能在他人面前有意识地示弱，而不会影响他内在的自我价值感呢？

行动：

1．在你的销售经历中，是否存在让客户“自我感觉不好”的言行，当时发生了什么？

2．回顾最近一周的销售拜访、销售沟通情景，至少列出一个情景，说明你将如何使用示弱的技巧来获取有价值的信息。

原则 29
定好规则再比赛

张经理正在跟进邻近城市的一个财务服务项目，他和客户公司的财务总监通过几次电话，一直想约客户见面深入谈一次。

昨天他和财务总监通了个电话，说好今天见面沟通。今天一大早张经理就出发了，开了两个多小时的车，10 点半才到约定地点。其实张经理有他自己的盘算，他想着自己好不容易来一趟，期望能够跟客户聊得久一点、深入一点，如果聊得还可以的话，估计就到了午饭时间。他正好利用这个机会请财务总监吃个饭，拉近一下个人感情。

财务总监接见了他，双方就业务交换了一下意见。但是大概聊了三十分钟，财务总监就起身说："张经理，非常感谢你过来，也带来了很有价值的资讯，你把资料留给我好好研究一下，后续我们再沟通。我今天事情特别多，后面还有个会，我让我们的部门经理刘阳再和你沟通一下，我先失陪了。"

张经理愣了一下，有点儿失望又无奈地说："好的，那您忙。"

事先约定避免"意外"

在销售中，出现类似上述案例的状况，我们能责怪客户吗？不，你只能责怪自己——虽然我能够理解你当时的心情。

如果客户做了一些你不希望发生的事情，而你并没有事先和他约定过不能这么做，那么你就没有理由责怪客户。

因此，在每一次与客户面谈之前，不要抱着侥幸的心理，而是要与客户提前沟通，提前约定好相关事宜。

在桑德拉，有个专有名词叫“事先约定”（Up-Front Contract），它指的是，在事情发生之前，就要和客户就会谈如何开展、项目如何推进达成一致的理解和共识。也就是事先要确定你们双方互动的“游戏规则”。

在一次拜访前，你需要与客户事先达成共识的点通常包括以下五个方面：

1. 此次会谈的目的。这需要与客户事先取得共识，而不是一厢情愿。比如，“我们今天的目的是彼此做一些基本了解，看看是否存在合作的契合点”。相反，如果销售员和客户说：“我今天来是想给您介绍一下我们的新产品，它能够让您现在的数据安全风险大大降低。”这个目标很显然只是销售员自己的目的，未征得客户同意，也没有询问客户是否接受。

2. 参与人和时间。双方有哪些人会参加这次会谈以及会谈会进行多长时间。

3. 客户想谈论的议题。不管客户是否告知，他都会有自己的预期，如果没有达到预期，他可能就会失望甚至不满。当然，客户不一定会当面告诉你他的感受。

4. 销售人员想要谈论的议题。你也有权利提问或者讨论一些你想谈论的话题。

5. 期待的输出结果。也就是你们希望这次会谈的“产出”是什么。如果你们能够对产出预期达成一致，你就能把准备工作做得更好，会谈也会更有效率。同时，你也会更清楚地了解客户所处的采购阶段。

短板效应决定了你的销售效率

对于上述会谈五要素，千万不要含糊不清、也不要一厢情愿。我们应该考虑到所有参会者的期望和诉求，同时也表达出我们自己的期望和诉求，事前就与客户达成共识。

大概十二年前，我刚开始从事桑德拉业务不久。有一天，我收到一封来自美国客户的邮件，客户是美国一家中小型私人家族企业的业务负责人。他来中国出差，希望跟桑德拉中国团队聊聊。美国客户是桑德拉的学员，他希望了解桑德拉在中国的运作方式、桑德拉在中文语境下的运用情况等。邮件中客户还提了一句，他会邀请他们中国的代理商负责人陪他来，希望代理商能够接触和了解桑德拉，以后能有机会运用到他们品牌的产品销售中。

通过邮件，我能清晰地感受到美国客户对桑德拉的高度认同和赞赏，他甚至用了桑德拉事先约定的技巧跟我详细地规划了两个小时的会谈。我也同样期待着一个“业务机会”。为表重视，我还让几位老师和相关同事与我一起参会。

会谈前 45 分钟，美国客户对桑德拉中国的运作方式和实战辅导进行了深入了解，问了很多问题，我们也做了细致的解答。美国客户频频点头，我们也感觉良好。

但是，我感觉到中国代理商似乎对我们如何培训、如何进行实战辅导这些话题热情并不高，他只是在一旁静静地坐着。

“您对我们刚刚所谈论的内容有什么看法吗？”我忍不住插嘴问了一句。

“挺好的。”客户平淡地说。

“那您对这次会谈有何预期，您想了解哪方面的资讯呢？”

“哦，不不不，你们聊，你们聊，我没什么想法，我就是来陪老外的，他去哪我就陪他去哪。”

显然，中国的代理商负责人并没有任何购买培训或者实战辅导方面服务的想法，这只是我的一厢情愿罢了。

问题出在哪？我只是凭着自己“快乐的耳朵”，想当然地觉得中国代理商可能对学习桑德拉很感兴趣，而忘记了在会议开始前再次跟他确认他参会的期待。如果我能在事前就跟他简短通个电话，了解他的参会预期，会有多大的不同呀！幸好，那是客户来我们所在的城市拜访，而不是我们出差去拜访客户。

这是我在从事桑德拉业务早期时，学到的重要一课。

木桶的短板理论认为，一个木桶的盛水量由最短的那块木板决定。同样的，销售拜访的效果由你最短的短板——没有约定的要素或者约定得最弱的那个要素决定。如果你学会了事先约定，既可以保证会谈的顺利进行，不会有“意外”状况发生，又会让你显得更加可靠、可信、职业化。

开赛之前，双方都要清楚游戏规则

试想一下，如果你参加一场比赛（比如自行车比赛），你会在不清楚比赛规则、比赛流程、参与人、时间要求等条件下就匆忙冲出起跑线吗？答案肯定是不会！但是，每天都有成千上万个销售人员，正在参加一场没有规则的比赛。他们并没有和参与的另一方（即客户）就许多问题达成一致，比如：比赛时长、参与人及角色、比赛的进程等。

聪明的你，可能已经想到了，你们还要约定清楚什么是犯规（比如，客户一直含含糊糊地给出“考虑考虑”的回应）。

或许你已累积了不少的销售经验，很多时候你可能也在这么做，但问题是——

- 你是每一次都主动这么做吗？
- 你在上述五个方面都事先与客户达成共识了吗？
- 客户是欣然接受你提议的游戏规则吗，还是仅仅是你一厢情愿呢？

这就是业余选手和职业选手的区别！看看职业运动员，每次出场前，他们都会拉伸、热身，做许多准备动作，那是他们的标准动作和程序，是每次必做的。你准备好成为一名职业销售选手了吗？

关联知识点

- 事先约定

关联原则

- 原则 23　在炸弹爆炸前拆除引信
- 原则 30　要想知道未来，最好拉回到现在

思考题：

1. 你如何利用这条原则来跳出“买家系统”，推动销售进入更高效、双赢的流程？

2. 客户凭什么要答应你的约定条件，背后深层次的逻辑是什么？

行动：

回顾自己与客户互动的经历，回想至少一个情景——因为彼此含糊不清，没有约定好相关事项而导致你或者客户大跌眼镜、大失所望。如果时间可以倒流的话，你会怎么做？

原则 30
要想知道未来，最好拉回到现在

“邱经理，这就是我们酒店对空调系统的具体需求情况，请帮我们做个方案。未来三年我们还将在全国一线城市建造 20 家同样标准的酒店，这是公司发展战略。”

“好的赖总，三天后我们会把设计方案发给你们。”

三天后。

“你们的方案不错，很专业，但希望你们对通风管道铺设位置再做一些细节修改。”

“好的，没问题！”

方案又发过去后，客户一直没有回音。邱经理开始有些不安，想尽一切办法打听状况。从认识的行业内朋友处得知，现在有三家竞争对手在参与这个项目。

两周以后，邱经理终于和客户通上电话。

“我们在向上级汇报时，领导提出了一些新的要求。由于北方的冬天过于干燥，系统内能否加入湿度控制模块？”

“嗯……好吧。”

又过了一周时间。

“我们现在正对几家供应商做比价。总体来说对你们的方案比较满意，但是你们的价格过高，这样可能没机会，请重新报价。”

经过仔细分析另外两家竞争对手的情况，内部几番磋商后，邱经理重新给客户做了一个“很有诚意”的报价。

“你们的总体价格还是偏高。但是我们又非常赞赏你们的专业度，要不你们把项目分成设备、管道、控制系统以及施工，分别报价吧。如果总体造价过高，我们很有可能会拆分采购。”

邱经理非常郁闷，现在的利润已经非常低了，如果拆分就更无利可图。耗费如此大的精力，现在弄得个进退两难。

早知如此，何必当初

很多销售人员都曾经被客户要求，在下次会面前做一些“基础工作”并且展示“研究成果/解决方案”。这些“基础工作”可能是处理一些基础数据、做实地调研、创建一个工作流程图、访谈一线使用者，或者是其他一些初始工作。“研究成果/解决方案”则是指对“基础工作”做详细分析后得出的结果。而且，这些基础工作和研究成果、解决方案往往都是免费的。

销售过程中，类似的情形大家并不陌生：

- 客户要求你先发资料，发完后你只能被动等待
- 紧赶慢赶配合客户，做了很多的（免费）工作，却发现客户项目的推进流程和时间节点跟预期的情况差别很大
- 接触了一段时间的联络人突然告诉你：“我只负责这一阶段，后续移交到××，至于他们怎么做，我也不清楚”
- “我们拿到方案后会认真研究，希望尽快推进。”然而，客户的实际做法却让你始料不及

事实上，以上情况需要非常小心，你很可能已经陷入了“买家系统”（参考*原则3　跳出“买家系统”*）。

“假设我们这样做了”

为避免陷入这种尴尬境地，一个有效的应对方法就是桑德拉的“假设我

们这样做了”策略，它会帮你获得所需要的信息。以下是一个潜在客户要求做“基础工作”的例子：

客　　户：“你已经知道了我们的项目细节，麻烦你回去后把方案做给我们。”

不要简单地表示“同意”！而是要运用一下“假设我们这样做了”的策略。

销售人员：“嗯，方案我们会开始构思。如果我们做好这样一份方案给您，您这边接下来会是怎样的步骤和流程呢？”

你没有说，“我很高兴现在就开始做，明天就可以给你”，或者其他类似说法。没搞清楚接下来会是怎样的情况之前，你最好不要着急做出过多或者过大的承诺。这样做可以防止你被“愚弄”。如果客户不能或不愿意做出合理的下一步承诺（比如引见业务负责人进行沟通、收集并提供个性化的数据），你必须在同意“做一些基础工作”或“汇报研究成果”的要求前再多思考一下。

除非你不在乎这个业务机会、不会惦记这个客户，否则在你付出辛劳之前，你最好知道客户接下来会怎么做。

别着急做任何事，除非你清楚为什么要做，以及接下来会发生什么！

关联知识点

- 买家－卖家博弈
- 事先约定
- 傻子曲线

关联原则

- 原则 11　你不会失去还没得到的东西
- 原则 18　不要把糖果撒在大堂
- 原则 23　在炸弹爆炸前拆除引信

思考题：

就算你无法改变客户“未来”的做法，但是如果你“现在”就知道“未来”会发生什么，你会怎么做呢？

行动：

回想潜在客户通常让你做的“基础工作”、需要你付出时间精力的工作，设计一个“假设我们这样做了”的问题，让潜在客户为你描绘一幅未来会发生什么的蓝图。

原则 31

允许客户说 No

距离上次马经理拜访这家无锡的尼龙材料工厂已经一个多星期了，在上次的拜访中，马经理向客户的技术部门和采购部门充分介绍了公司流变仪设备的特性、能够测量的数据以及对工厂生产过程的实际指导意义。他也回答了技术和采购部门的问题，大家看起来都挺满意。结束时，负责接待的周总告诉马经理，说他们会“认真研究”。

马经理今天打电话给周总，询问是否可以下单。接到电话后，周总说他们正在考虑，然后他话锋一转，对马经理说：“我上次听你说你们在上海有实验室，我们想先把样品拿到你们实验室测试一下，看看数据的准确性，没问题吧？”马经理感觉上次接触，客户对他们还是比较认可的，就同意了测试要求。

经过一个星期的样品寄送、实验室测试和数据分析，马经理把实验报告发给了周总。第二天，周总打电话给马经理，说他们已经审查过数据，觉得基本正确。但是实际生产中会有不同的温度环境要求，表示希望再测一下不同温度下的数据。事情已经做了一半，马经理不想半途而废，只好答应客户再帮他做一下额外的测试。

一周以后，数据报告又发送给了客户。周总反馈时说，这一次虽然新增加了一些测试条件，但是有一组数据，温度等各方面条件跟上次都是一样的，测试结果却有些偏差。而样品是同一种材料，他们感觉好像有些不准确。马经理回复他，在工程测试中，每一次的数据不可能完全相同，总是有一些偏差。周总说他们还需要认真考虑一下。

三天以后，马经理再次打电话给周总，问他们考虑得怎么样。周总说他正在开会，稍后回复。又一周过去了，马经理并没得到回复。

再下一周，马经理打电话给周总，周总说正在开车，不方便接听。

又过了几天，马经理发邮件给周总，周总没有回复。

“考虑考虑”背后，客户到底在想什么

除了做出“Yes”或者“No”的终极决定，销售过程中，客户还有许许多多的决定要做，比如是否继续跟你进行下一步互动，是否有必要推动下一次见面，是否有必要引入其他相关人员参与讨论，等等。

当客户总是跟你说“再考虑考虑”，那是在回避某种具体的承诺，而这很可能是以一种比较隐蔽的方式对你说“No”。客户之所以这么说，有以下几个原因：

1. 你之前没有明确告知客户，可以明确地对你说“No”。你表现出来的姿态一直是要竭尽所能拿下订单。你的渴望如此热切，客户觉得拒绝你让他有压力。客户可能会认为对你说“再考虑考虑”是一种“保护”你的方式——让你自己慢慢发现和接受，而不必直接伤害你的感情。这样，客户也无需向你解释做出“No”的决定的原因。对客户而言，给你一个“再考虑考虑”的答复，是个有效的策略，可以避免压力和不舒服的感觉。

2. 客户并不打算跟你购买，但可以利用你的存在对其他供应商施压，又或者可以继续向你索要免费咨询、免费信息和服务。

3. 客户在跟你玩一种心理游戏，获取良好的自我感觉。（参考*原则 27 客户“虐”你，可能是你自找的*）

4. 客户对你不够信任，不打算向你透露任何真实想法。

在前面的案例中，马经理为客户做了相关的技术培训，并且免费做了多次测试，可能客户在情感上不好拒绝他，但是又不好直说，所以就用“考虑考虑”或者躲避的方式来应对他。也有可能客户以前没用过该

种测试方式，他们还处在技术准备和了解的过程中，马经理不幸成了免费的咨询顾问。

所以，当你向客户请求一个决定时，务必事先让他们知道："Yes"当然更好，"No"也可以接受。当你允许顾客说"No"，清楚地告诉他"No"对你来说是可以接受的，他们就不必再用"考虑考虑"来掩饰真实的想法。

需要留意的是，如果你经常听到"考虑考虑"，可能你深陷在"买家系统"中，或者你没有做好事先约定。（*参考原则3　跳出"买家系统"*）

发现真相才是最重要的

在销售过程中，为避免客户总是以"考虑考虑"的理由来搪塞你，最好的方式是使用事先约定来得到Yes或No的结论。此外你也可以使用另一条原则*"如果你感觉到了，就柔和地表达出来"*。比如：

> "这一次测试报告发给您之后，如果符合您的期望，我希望您能够直接告诉我，我们接下来具体做些什么、怎么做。如果可以的话，我当然期待能和贵公司达成合作，但如果您觉得不合适，您也可以直接告诉我。这样我不至于一直追着您、打扰您。"

或者：

> "周总，我有种感觉，贵公司对采购这个设备好像并不是特别急，好像时机还没到。如果是这样的话，您不妨直说，我可以接受。"（请仔细观察客户接下来的反应）

与客户打交道时，你的目标是得到真相，哪怕真相与你期待的结果不一样！总之，如果最终答案是"No"——客户压根不想见你、根本不打算购买——现在就知道有什么不好呢？何必非等到折腾六个月、做了许多无用功之后才发现呢？

关联知识点

- 4 +1 积极的拜访结果
- 事先约定
- 钟摆原理

关联原则

- 原则 11　你不会失去还没得到的东西
- 原则 14　反其道而行之，做不一样的事情
- 原则 25　签单，或者结案

思考题：

如果不希望潜在客户对你说“再考虑考虑”，那么你必须做些什么？

行动：

回忆一下你最近碰到的“再考虑考虑”的例子。想想你在事前或者在当时可以做些什么，从而避免这种低效的互动。

原则 32

客户总是在“撒谎”

说“所有的客户总是在撒谎”或许有点儿夸张，但是这句话内在的含义却是合理的，而且值得仔细琢磨。换言之，客户经常会误导销售人员。

类似以下的情形对许多销售人员来说并不陌生：

- “韩经理，我们下个月就想上这套软件，你能不能过来演示一下？”（实际上，客户还处在项目申报阶段，能否通过还不一定，你的作用只不过是在他们的项目申报书上增加一些技术信息而已。）
- “小李，你先发 10 只压力表给我们试用一下，如果好用，我们要购买 1000 只。”（事实上你发的 10 只仪表只是救急而已，下个月你的竞争对手恢复了供应，客户又会转向他们了。）
- “你们的产品没什么优势，和其他家差不多。”（是真的没啥区别，还是仅仅是向你施压的一种手段？）
- “我知道你们的产品在行业内是数一数二的，价格也比较贵。但是没问题，只要东西好，钱不是问题，你尽快购买标书，参与投标吧。”（投标需要三家供应商，你只不过是凑数的而已。）
- “这事儿我就可以拍板。”（这话听起来熟悉吧，他只不过是在抬高自己的地位，争取点被尊重的感觉或者小利益而已。）
- 谢谢你的方案，不过这事我做不了主，你再等一段时间我们考虑考虑。（他是真的不能决策，还是实际上已经决策好了呢？）

客户的确经常会误导销售人员，他们经常“撒谎”，不同的可能仅仅是

“撒谎”的原因和“撒谎”的内容。

客户为什么要“撒谎”

客户之所以“撒谎”、误导销售人员，有以下常见的原因：

1. 自我保护。面对“一旦嗅到销售机会就穷追猛打”的销售人员，客户本能地想要保护自己，“撒谎”是他们自我保护的一种方式。又或许客户有他自己的进度安排和购买节奏，所以通过“撒谎”掌控局势，直到他自己决定采取进一步行动时才会主动来找你。

2. 客户想获取免费咨询。我曾经听到一个采购人员洋洋得意地跟我说他如何快速了解一个行业。他让几家供应商在同一天的不同时段过来拜访，采购人员通过询问不同供应商的销售人员相似的问题，很快就知道市场状况如何。他甚至有意识地让不同供应商的销售人员彼此碰见，以此来施压各家使出看家本领，亮出底牌，同时揭露对手的弱点。依靠这种免费方式，这个采购人员很快就成了“领域专家”。

3. 得到心理满足感。比如对决策权力的占有感、对事件进展的掌控感、甚至一种被销售人员讨好、谄媚、簇拥的虚荣感。这个时候，客户就会故意不让你知道事情的真实状况，让你原地转圈甚至走弯路。

4. “稳住”你。事实上，你有可能只是一个备胎。“经验丰富”的采购人员都知道该如何建立一个供应商库，如何对供应商进行分类，如何“吊住”一两家备选供应商，以便在主要供应商发生意外状况时能及时补上。为了实现整体目标，他甚至偶尔还会从你这里进行小批量的购买来“稳住”你。

用桑德拉销售系统来避免被误导

怎样应对这些谎言？你需要一套有效的“销售系统”！

在桑德拉的潜水艇销售系统中，企业大客户销售策略（SES）提供了一套行之有效的策略、流程和技巧，并能将这些部分完美地整合成一套系统，从而有助于你尽快发现真相、提升效率。具体来说，它至少可以帮你做到：

1. 不要像一个销售员。别忘了，一旦你和其他销售人员表现得很类似，客户就会自动启动他的防御机制——撒谎。

2. 建立甄别指标。在桑德拉，我们运用“痛”、预算、决策流程、竞争定位等来甄别机会的成熟度，自然不会轻信于“有机会合作”等说辞。

3. 大智若愚。在桑德拉，我们通过装傻、示弱、反问、钟摆等一系列的柔性方法来多方验证客户的信息。

4. 步步为营。通过事先与客户达成步骤和行动的共识，去除模棱两可被误导的空间。

关联知识点

- 亲和信任
- 事先约定
- “痛”的拼图
- 预算
- 决策

关联原则

- 原则 4　总是在甄别，而非总是在销售
- 原则 26　千万，千万别像个销售人员
- 原则 29　定好规则再比赛

思考题：

假设“所有客户都会说谎”对你提高销售效率有何好处？

行动：

请从本书中找出至少三个可以帮助你避免被客户误导的原则或方法。

原则 33
用提问来回答客户的问题

“爸爸，Sex 是什么意思？” 在双语幼儿园读大班的小明有一天认真地问爸爸。

“什么？” 爸爸愣了一下，“Sex 啊……”

这么小的孩子该怎么跟他解释 Sex（性）呢？ 怎么才能让他听得懂，又不至于纠缠不清呢？” 父亲的脑子飞快地运转着。

“宝贝，你为什么会问这个词呢？” 这时候，妈妈插了一句话。

“学校发的表格啊，你看这里有 Name，我知道是姓名，这里还有一行，Sex。”

“哦，这样啊，这里 Sex 的意思是你的性别，就是问你是男孩，还是女孩。”

小心“烟幕弹”问题

客户有时候不会直接表露他的真实意图，反而会放出一些“烟幕弹”来掩藏真正的问题和意图。如果你贸然地回答这些“烟幕弹”问题，就很可能把自己给套进去。

小布是一家品牌营销与公共关系公司的销售代表。 他与本地一家新开张的饭店老板见面讨论广告营销方案。

老板：“你们公司在餐饮行业有很多客户吗？”

小布：“是的，我们跟餐饮行业的众多公司合作过，有过很多成功的广告案例。” 小布很自信地回答道。

老板：“我希望你不要把那些用过的创意重复地套用到我们这里，因为我们是个追求个性文化的餐厅。”

小布：“呃……”

小布也许能补救回来。但他本来可以避免在发现客户真实意图前就贸然回答问题而给自己带来的这些压力。假如他能早点发现这个饭店老板的真实意图，就可能会给出一个更适当的回答。

我们把时光“倒流”一下，回到小布“想当然”地回答客户的问题之前。

老板：你们公司在餐饮行业有很多客户吗？

小布：这是个很好的问题。您特意问到这个是因为……？

老板：我们是一家独特的饭店——我们的菜品很特别，文化也很有特色——我们希望广告能突出我们的这种独特性。

小布：嗯，我理解。我们完全理解并且尊重每个项目都有自己不同的特点。每个项目都必须采用特别的主题、特定类型的视频素材、故事以及特定的风格来支持客户想要传达的信息。我们明白没有两家饭店是相同的，因而也不会使用一样的营销方案。

如上，小布没有回答老板的烟幕弹问题，而是回答了老板真正关切的问题。他了解到了老板问题背后真正的意图。有时候，你可能需要追问两三个问题才能了解到客户真实的意图。

还有，请注意小布的反应并不是简单地“针锋相对”。首先，他夸赞老板问了一个很好的问题，接着他给出了经过深思熟虑的、合适的回答。

什么时候可以直接回答潜在客户的问题，而不是以问题去回应呢？——当你确定回复有利于你，或者至少不会伤害到你的时候。

当然，不要僵化使用这一条原则，如果潜在客户问你，“你吃过饭了吧？”如果你的回答是“这是一个好问题。您这样问是因为……”，客户很可能会给你一个很奇怪的表情。

关联知识点

- 反向提问
- 傻子曲线/好奇曲线

关联原则

- 原则 35　傻一点，卖更多
- 原则 43　不要逼单，学会与客户共舞

思考题：

直接回答潜在客户的问题会有什么风险？

行动：

回忆这种你曾经碰到的情形：当你很详细地回答了客户的问题后才发现原来它是个“烟幕弹”。设计这种情形下你应有的回应，以发现客户问题的真实意图。

原则 34

通过第三方故事来表达你的感受

在你的销售生涯中，是否有过这样的情况：直觉告诉你有些地方不对劲，但你却感觉不太好跟客户直说，或者不知道该怎么说。

举个例子，销售人员经常因为价格问题被潜在客户施压。让价吧，感觉是无底洞，不让吧，又担心失去一个机会，极力辩护似乎也没什么作用。如果你可以找到一种方式，能基于以前发生的类似事情来告诉对方你的感受，那么会怎样？

借用第三方故事，让表达更柔和

> “马总，您提的这个要求，我可以尽最大的努力去争取。但坦白讲，这件事让我很纠结。上个月，我们也有个客户信誓旦旦地说，如果我能帮他们申请到折扣，他们就会采购。然后我费尽周折从总部申请到了折扣，没想到他们却用我们的折扣价格去找他们现有的供应商压价，并且最终选择和他们继续合作，弄得我在公司非常难以交代。如果这次我想尽办法从总部拿到您想要的折扣，您这边不会出现类似的情况吧？”

当通过第三方故事来表达感受的时候，矛头没有指向眼前的潜在客户，不会让客户觉得“被冒犯”。同时，销售人员又可以真实地表达自己的顾虑或其他感受。

在传统的“买家系统”中，销售人员常常被要求反复提供并修改方案。如果涉及金额比较大的项目，销售人员则更是患得患失，丝毫不敢“怠慢”

客户。但是很多情况下，方案修改了好几遍，仍落得个为他人作嫁衣的下场。此时，销售人员不妨试试第三方故事法。

> “董总，我非常愿意花几天时间按照您新的要求修改方案，但不得不承认，我内心其实惴惴不安。就在咱们附近园区的一个客户，去年有一个潜在项目，曾让我修改过好几次方案。我也是花费了巨大的精力，改了好几版，专门为他定制，结果他却把方案给了我的同行，让他们照着做。 客户给的理由是，他们的价格比我们低，而事实上，我们的技术细节和原材料是紧密关联的，最终他们也没取得预期的效果。因为这件事，我被公司同事嘲笑了好长一段时间，还挨了领导的批评。我想，在您这边不会也遇到类似的情况吧？”

接下来你要认真听客户的回答，并仔细观察客户的语气、表情和肢体动作。你有可能听到好消息，那当然很好；你也有可能发现事情并不乐观，但至少你接近了真相、清楚了自己的处境，你可以重新思考和规划下一步该采取的行动。

好的销售人员很清楚他们的工作是建立在客户关系的基础上，而且不可避免会涉及彼此的感受。当直觉告诉你应该向客户表达你的感受时，不要害怕说出来——当然，要用一种合适的方式。采用真诚而恰当的方式说出你的感受，反而会加强你们的关系，而且让双方的承诺更加清晰。

关联知识点

- 事先约定
- 防止反悔
- 示弱

关联原则

- 原则 19　如果你感觉到了，就柔和地表达出来
- 原则 23　在炸弹爆炸前拆除引信
- 原则 30　要想知道未来，最好拉回到现在

思考题：

通过第三方故事表达你的感受，与直接表达感受相比有什么好处？

行动：

回忆过往发生在你身上的一个销售场景，当时你本可以用第三方故事来表达你的感受，而你却没有采取这种方式，后来结果或者影响并不好。现在，写下当时你本应该说的话。

原则 35
傻一点，卖更多

刘经理就职于全球顶尖的玻璃杯和餐具厂家，他们公司生产的特种玻璃杯不但强度高，而且就算杯子破了，缺口也是钝面，不易导致划伤。刘经理信心十足，觉得自己跟进的那家 KTV 连锁店终于可以取得突破了。

“王总，您这家店每个月大概要破损多少个杯子呢？”

“大概 2300 个。”

“那每个月至少要损失 3 万 4 千多呀，这可不是一笔小数目。”（刘经理打开手机计算器快速地计算着。）

还不等王总回应，刘经理就从随身带的背包里面拿出一只样品杯子，又从桌子上拿过一只 KTV 现在用的杯子，用力把两只杯子撞在一起。“嘭”——KTV 的杯子应声而破。

王总愣了一下，点头表示产品不错。

刘经理面带笑容地看着王总说：

“您看，我们采用的工艺是……能够降低您的日常损耗，帮您节省……”刘经理开始了他激情的介绍，自卖自夸地展示了 15 分钟以后，他说“今天回去我就把各型号和价格单发您。”

“好的，谢谢。”王总礼貌地回应道。

离开客户的办公室，刘经理自我感觉良好，感觉“很有希望”。问题是，他知道客户到底是怎么想的吗？客户在乎的又是什么？

等待王经理的究竟会是“订单”，还是“考虑考虑”，又或者是“杳无音信”呢？

聪明反被聪明误

许多销售人员都很“聪明”——

- 他们总能很快（甚至是过快）地发现可进行销售的机会，他们会迫不及待地掏产品、讲卖点。如同背后藏了一把刀，随时准备掏出来“砍向”客户。
- 他们会很“聪明”地给客户算账，展示自己能给客户带来什么价值和收益
- 他们给客户“挖坑”“下套”
- 他们在客户的“伤口”上撒盐
- 他们能够“聪明”地回应客户所有的反对意见
- 他们总是抓住一切机会去“推动”销售

许多销售人员都有过这些看起来“聪明”的举动，客户当然也能“嗅到”背后的销售诡计，于是，客户就把他们的心门关闭了。客户开始变得越来越答非所问、戒备重重。要想让潜在客户在70%的时间里一直说话，你需要“傻一点”，表现得没有攻击性。换句话说，你需要有意表现得像一个“傻子”，你必须有足够的勇气去问一些“傻问题”！

以开篇的销售拜访为例，刘经理和王总的对话可以这样展开：

> “王总，您说到每月的杯子损耗是2300只左右，每只15元，大概是，2万，呃，4万……？”(一副笨拙的样子)
>
> “嗯，3万多点，损失不大，毕竟有一部分客人会赔。”（客户的答案与刘经理的预期不一样）
>
> “哦，杯子碎了对您可能基本没有什么影响。”
>
> “唔，也不是。其实我们比较在意的是杯子碎了以后造成的人身伤害，比如划破手。”
>
> “呃，您能展开说说吗？”

“毕竟如果客人在我们这里唱歌期间划破手，我们还是脱不了干系！何况唱歌的时候很多人都会喝酒，喝多了大家吵吵起来就更容易发生危险。老板对我的考核，是要做到零事故。你们的产品在安全性上有什么优势吗？而且，最好能降低一下我们的综合运营成本。”

“呃，不好意思，我反应有点儿慢，我捋一捋，咱们先说说这个安全性可以吗……”

“傻”一点，别太“精明”地迫不及待去“卖”，这样更能让客户放下戒备，或许你会因此获得更多的信息。另外，“傻”一点，你还可以减少反对意见、更好地判断业务机会、更快地推进销售进程——以悄无声息的方式。

销售人员要学会装傻

已经积累了足够多的产品知识和销售经验的“老销售”，往往容易表现得“过于聪明”，他们善于捕捉一切说服、证明、辩解的机会。一旦有机会，他们就会滔滔不绝地展示自己的产品和优势，就会发挥他们的“说服力”。比如：

销售人员：“您提到服务响应是很重要的，我可以保证，服务绝对是我们的优势，我们提供的是……”

又比如：

客　　户：“竞争对手的价格比你们低。”

销售人员：“但我们的服务覆盖了全部九个大类，我们的优势是……”

熟知产品知识的销售人员很容易就走到这条路上来。他们对自己的产品知识如数家珍，以至于迫不及待地要讲给所有客户听。**甚至没有机会也要创造机会讲**！殊不知，他们说得越多，客户越防备、反感，甚至渐行渐远。

因此，桑德拉建议你“傻”一点，让客户说得更多！尝试一下这么做：

- “我有点儿不记得了，是您还是昨天见过的一个客户提过，服务响应方面很重要。”（有点儿反应迟缓地说出这句话的销售人员，其实是想把客户拉入这方面的讨论）
- “您说的很重要，指的是……”（一副木讷呆滞的样子）
- “抱歉，我没太明白……”（一脸无辜又小心翼翼的样子）
- “您的意思是……”

销售沟通不是让销售人员获取虚荣心和满足感的场合，客户并不会因为你的“知识渊博”“侃侃而谈”而付费；“傻”一点，没有攻击性，从而得到更多有价值的信息，这会让你卖得更多、更快。

关联知识点	• T－A 交互心理学 • 傻子曲线/好奇曲线 • 安抚、示弱
关联原则	• 原则 20　以退为进，不销而销 • 原则 28　巧妙示弱，以柔制胜 • 原则 24　大多数反对意见可能是你自找的

思考题：

1. “傻”一点和“不专业”有什么区别？

2. 对销售机会保持什么样的心态才能做到从容“装傻”？

行动：

回想最近一个月的销售场景，找出一个自己表现得“太聪明”的情况，想想如果重来一次，你可以怎么“傻”一点地进行回应。

原则 36

停止兜售 FAB（特性、优势、价值）

- “这个险种非常好，它附加了健康管理服务，在全国 300 个城市都可以协助预约、就诊，它的投保范围还比较宽，17 岁以下都可以，只需要您在原来的儿童重疾险的基础上增加很少的保费，就可以……，可以说买到就等于赚到。”
- “我们这套设备的速度很快，可以同时监测多个标签维度，并且它的精度也比同类产品高出 20% 以上，非常适合您这样的高端实验室。”
- “我们这个大健康项目，符合现在的养生理念，投入不大，回报周期快，而且我们还提供全程的业务支持，帮助您快速上手，如果您要选择一个创业加盟项目，选择我们绝对没错。”

客户基于他自己的理由而购买

作为销售人员，我们已经被教育了无数次，要向客户展示你的产品的特性、优点以及为客户带来的利益，也就是 FAB（Feature，Advantage，Benefit，简称 FAB）。许多销售人员都认为，销售就是说服客户购买，而说服的依据就是 FAB。只要客户稍微涉及跟这些“卖点”有关联的信息，销售人员就会迫不及待开启“秀肌肉”模式，他们甚至不等客户开口，就开始兜售 FAB。

但是，在没有搞清楚客户真正在乎什么之前，在客户没有承认“我很痛”“×××对我很重要”之前，兜售 FAB 很可能是无效的，甚至会起反作用。至少，它存在以下的问题和风险。

1. 销售人员说得越来越多，自我感觉越来越良好，让客户产生“又来了一个推销员”的不信任感，从而越来越封闭、戒备心很重。（参考*原则 26　千万，千万别像个销售人员*）

2. 销售人员站到了客户的对立面，激发了客户的抗拒情绪，甚至得处理层出不穷的反对意见。（参考*原则 24　大多数反对意见可能是你自找的*）

3. 你很容易沦为提供免费咨询的角色，并且要持续提供更多的信息，而客户则牢牢掌握主动，随时可以用“考虑考虑”来打发你。（参考*原则 18　不要把糖果撒在大堂*）

4. 你在明处，客户在暗处，你搞不懂他在想什么，尽管表面上信心满满，其实你的内心并无胜券在握的“确定感”，相反，你的内心一直处在一种“不踏实”“悬着”的状态，这种心理消耗是很难受的。（参考*原则 1　享受销售，才能持续成功*）

兜售 FAB，就如同拿着一张“购买理由清单”一条一条地游说客户购买一样。别忘了，这一切都是从“我”的角度出发的，是“以自我为中心”的，也是自私的。你需要找到客户的购买理由。

有推销，就会有“反抗”

记得很多年前妈妈劝你把青菜吃掉吗？她越逼你吃，你就越逆反。她给你解释吃青菜的好处（比如这会让你营养均衡），或用一些道德理由来劝你（比如这个世界上还有很多人没有新鲜蔬菜吃）。总之，只要她逼迫，你就会反抗。

同样，客户总是会不由自主地抵触销售人员告诉他们要做的事情。无论你说的多么“正确”，给他们能带来多大的好处；无论你的产品或服务有多么好；也无论你多么有说服力、多么充满激情，他们就是会自然抗拒你告诉他们去“吃青菜”。他们不会仅仅因为你这样说就购买。

从心理学层面来看，人们通常不喜欢被人告知该做什么或者怎么做。最好的方式，是让他们自己得出“我要吃青菜”的结论，这时候他会请你把“青菜”拿给他，并对你充满感激。

别着急卖，先了解客户的问题

在没有搞清楚客户的“痛”之前，你的FAB毫无意义。就如同还没有给病人诊断、病人没有承认病痛之前，无论你的药品采用了什么原材料，研发过程多么科学先进，监管制作多么严格精良，统统是毫无价值的。客户不会因为你的药好而买单，客户真正在乎的是“治病”。

> “你们这里儿童英语课程的特色是什么？”
>
> “我们的儿童英语课程比较多，按照学生的年龄阶段和英语水平分为不同的级别，配有不同的老师和各种各样的教学形式。不过真正重要的是您希望通过课程解决什么样的问题或达成什么目标呢？”
>
> “我们今年下半年就要移民到国外去了，孩子要在那边上学，所以希望他能够尽快掌握一些日常生活用语。”
>
> “听起来您更希望孩子尽快达成英语听、说的能力。”
>
> “这是一方面，我的孩子有点儿不敢开口；另外，我还很担心他看不懂国外的教材和试卷。”
>
> “好的，我们接下来详细沟通一下，能不能请您具体说说现在孩子在听说方面的状况……”

当你开始“诊断”，你就变得“以客户为中心”了，客户也能感受到这一点，这对建立信任关系和推进销售都是大有裨益的。

关联知识点

- “痛”的拼图
- 钟摆原理
- 提问策略

关联原则

- 原则 4　总是在甄别，而非总是在销售
- 原则 5　高压销售有时也能成单，但不代表它有效
- 原则 37　没有“痛”，就没有销售

思考题：

迫不及待地兜售 FAB，会让客户产生哪些心理，会给你制造哪些麻烦？

行动：

留意你身边的人，当他们进入兜售 FAB 模式的时候，观察客户和销售方的互动模式。

原则 37 没有“痛”，就没有销售

客　户　甲：“我们的需求是能够同时精确地监测尽可能多组的数据，并且误差值要控制在千分之一以内。”

销售人员甲：“您放心，我们能够同时监测 12 组以上的数据，我们采用的是 ××× 技术，所以我们的误差值一直都是很小的。”

很多销售人员只要一听到客户有需求，就会嗅到销售的机会，就会迫不及待地“扑上去”，开始用心良苦地介绍产品、制定方案、测试运用等一系列的销售动作。他们似乎认为，只要客户有需求，就有很大的机会可以成交。

客　户　乙：“我们现在最多只能监控 8 个向度的数据，很多数据根本无法比对。上个月有一个实验我重复做了 5 次，几乎是通宵达旦地加了 3 天班，熬得我感觉心脏病都要发作了，紧赶慢赶出来了报告，客户却严重质疑我们的数据，为此还被老板扣了季度奖金。这样下去，不要说奖金拿不到，连身体都要扛不住了，就在上个月，团队里面又有两个员工辞职，这谁受得了呀！”

“痛”是情绪化的

客户甲是在理性地描述他的需求，而客户乙则是在感性地表达“痛”。此时，客户乙的内在“孩童”被激发了，发出了“我受不了，我要改变”的呼

喊，这是客户做出购买的“原点”。所以桑德拉说“人们购买的原点是感性的”。（参考*原则9 把你的“孩子”留在家里*）

20世纪60年代，大卫·桑德拉第一次把“痛”的概念引入销售界。“痛”和“需求”的本质区别之一，就是“痛”是情绪化的。

“痛”，是现状和预期之间的差距，也就是客户今天所处的位置和他想要去到的位置之间的距离。它可能包括已经出现的问题和挑战，担心将来要出现的问题和挑战（恐惧），当下和未来可以获得的价值和收益（快乐）。

发现真相，拿回主动权

客户有需求，不代表他一定要在近期购买，更不代表他要向你购买，何况客户还有可能借助“需求”来套取他想要的信息。基于甄别“痛”来销售，远比听到“需求”就扑上去更有效，这样做可以在以下几个方面帮助你：

1. 真实性——判断业务机会是否存在。

客　　户：“我们下个月就要上项目，麻烦你带样品过来给我们演示一下。第一批我们先采购100套，后面的量比这个要大得多。”

销售人员：“我今天下午就和我的主管一起过去拜访您。”（心里窃喜，终于碰到一条大鱼了）

类似这个案例，客户的需求有多少水分呢？客户的需求是可以夸张的，甚至是可以“撒谎”的。而“痛”，是客户目前客观存在的问题和挑战，是病症，是可以找到“痛”的表现、原因和影响的（参考*原则32 客户总是在“撒谎”*）。

2. 紧迫性——判断业务时机是否成熟。

销售人员：“赵工，上次您说这个月要更换铸造模拟软件，标杆测试已经验证了我们软件的性能，您看咱们什么时候启动采购流程？”

客　　户：“你们的软件确实性能不错，比我们现在用的要好。但是我们现在的软件也还能凑合用，所以我们内部也一直有不同的声音，尤其是疫情背景下，公司对支出控制比较严……”

人们可能对很多事物都有需求，比如更大的房子、更好的车子，但是不代表人们会有购买的打算，因为人们还可以忍受现状。而如果找到了“痛”，了解客户“痛”的程度，我们就能知道客户的紧迫性有多高。

3. 主动性——拿回销售的主动权。

销售人员：“李总，您看我们的外用护理产品是最安全的，达到了可服用的标准；我们这次给您推荐的产品，使用十分便利，每次自动挤出来都是 1 毫升，避免了剂量不好控制的问题；另外，我们的产品是 5 毫升的剂量包装，基本不存在存储变质的担忧，这无形当中会为您节省很多成本。”

客　　户：“这么说吧，你们几家供应商都能满足我对这批产品的要求，因此价格才是最重要的。”

在客户承认“我很痛”之前，在把客户“痛”的原因与你的产品独特性关联之前，你的优势和特性不过是“自我陶醉”罢了。更为糟糕的是，你将在销售中处于极度被动的状态，客户随时可以跟你讲“你的优势对我不重要”，你永远不知道客户会不会从你这里购买；而如果能让客户意识到他的“痛”和你的产品的独特性之间的关联，你将会获得更多的主动性。[参考*原则 36　停止兜售 FAB（特性、优势、价值）*]

找到了“痛”，就如同翻过了雪山的最高点，接下来的一切都会顺理成章，水到渠成。

关联知识点

- 典型成功案例、30 秒广告
- “痛”的拼图、“痛”的漏斗
- 价值定位工具

关联原则

- 原则 3　跳出“买家系统”
- 原则 9　把你的“孩子”留在家里
- 原则 38　不要撕开伤口撒盐

思考题：

基于“痛”的销售方式和基于需求的销售方式，表现有何不同？

行动：

盘点你正在跟进的三个客户是否承认了“痛”，以及它造成的影响，你们是否对造成“痛”的原因达成了共识。

原则 38
不要撕开伤口撒盐

“先生，您已经有白头发了，平时吃点健脑的东西，多做做头部按摩。”美容美发店的护理人员一边洗头，一边说道。

“嗯。”王先生应了一下。

“您脸上还长了颗痘，属于毛囊堵塞，要定期清理；而且您的皮肤有点儿暗，这样不但影响形象气质，也会影响您的运势，您可以到我们楼上做个脸部护理……”

王先生有点儿不耐烦，心想这是因为最近加班熬夜导致的，过两天缓过来就好了。

“哎呀，您这地方还有些湿疹的症状，要祛湿，湿气重了，皮肤会变得又黄又油，长满黑头，毛孔粗大，甚至出现头发油腻，头皮屑增多的情况；还有，湿气重了容易觉得困倦、身体沉重、没有食欲，艾灸对祛湿效果很好……”

“我赶时间，你尽快帮我洗。”王先生打断道。

过犹不及

“销售嘛，就是撕开伤口撒把盐。”经常会听到一些“老销售”这么说。这种做法有时也有效果，于是受到很多人的认可和推崇。

但在观察了众多的销售人员和销售场景后，我发现“撕开伤口撒盐”这种做法“用力过猛”，很容易导致以下的问题：

1. 当聚焦于“撒盐”时，销售人员往往会夸张、放大客户的问题，甚至欺骗、恐吓客户，这些言行举止，都流露出要把客户“摁倒在地”的感觉。但潜台词才是最重要的台词，客户当然能读懂这些言行举止背后的意思，因此会对销售人员产生不信任和抗拒心理。（*参考原则 26　千万，千万别像个销售人员*）

2. 销售人员说得多，听得少。因为销售人员忙于刺激客户，很难去“聆听”客户的想法。

3. 不是客观地对机会的成熟度进行甄别与评估，而是主观地对机会进行“催熟”，这导致销售人员容易进入“一厢情愿、自说自话”的状态，因为客户未必这么想。

4. 以成交为导向的短期主义和功利主义做法，容易导致客户事后产生反悔的情绪，也不利于与客户建立长期、稳定、双赢的关系。

5. 销售人员的内心一直处于“抓取”的状态，想的是怎么给客户“下套”，自然无法做到淡定、从容、有力量，也很难建立起真正的自尊和自我价值感。

换位思考，如果你是客户，你会信任、喜欢这样的销售人员吗？这关系到你跟客户能否走得长远。

扪心自问，如果你是销售人员，你这么做的时候内心感觉坦荡而有尊严吗？你会自我感觉良好、拥有极高的自我价值感吗？这会影响到你能否拥有持续的职业热情和动力。

开药之前先诊断

如果你去医院看病，你刚开口：“我的小腹疼，已经 3 天了……”医生迫不及待地打断你说：“我知道了，你用这款最新的进口药，它来自 × × 大药厂，是有专利的，是同类药之中最好的。”你一定觉得他疯了，不是吗？如果医生在没有深度诊断之前就开处方，甚至开始宣扬药的特性和好处，这是多么荒诞的事情！

但类似这样的情景，每一天都出现在现实的销售世界中。

好的销售人员，就如同一名合格的、专业的医生，开药之前，一定会先进行深入的诊断。相比之下，销售人员需要拥有更好的沟通技巧，因为客户往往不像“病人”那么配合。

客　　户：“我们这台设备，偶尔会突然有啸叫，而且伴随着抖动，然后就不得不重启。”

销售人员：“哦，麻烦您具体说一下当时的情况。”

客　　户：“上周二，……”

销售人员：“这样的情况，从什么时候开始的，出现的频率有多高？”

客　　户：“从一年前就开始了，大概三四个月就出现一次。”

销售人员：“每次停机重启，对贵司和您会造成什么影响？”

销售人员要按捺住躁动的心，先搞清楚状况，与客户就导致问题的原因达成共识。

销售人员：“通常出现这些问题的原因，可能是 A，B 或者 C，在您看来，哪种可能性比较大?”

客　　户：“……”

销售人员：“嗯，除了这些原因，还有别的吗？”

客　　户：“我不知道，你觉得呢？”

销售人员：“我们以前的一个客户，当时还因为 X 和 Y 出现了同样的问题，您觉得有可能吗？”（X 和 Y 是你们产品的独特优势能解决的）

客　　户：“我以前没意识到，不过根据观察，Y 很有可能……”

就是在这样的对话中，销售人员帮助客户对问题的现状、原因、影响有了一个全面而深入的认识，也了解了这个困扰对客户来说是否严重，是否一定要解决；如果同时能够渗透产品的独特优势能够解决诸如 X 和 Y 此类问题，那么胜算就更大了。

事实上，如果算上提供的附加服务和价值、品牌、稳定性、物流等因素的考虑，很少有完全一模一样的产品，销售人员总能在客户痛点与产品的（细微）优势之间建立关联点，从而在竞争中处于优势地位。即便你的产品与竞争对手完全一样，如果你进行了深入、有价值的沟通，客户也更倾向于跟你（他信任和喜欢的人）购买。因为那些“开药之前先诊断”、善于聆听、善于提问的销售人员，会让人感觉更可靠、更舒服、更专业，从而最终胜出。在许多行业，销售人员、销售体验以及销售流程的差异化，已经成为产品同质化大环境下的竞争突破点。

关联知识点

- “痛”的漏斗
- 价值定位工具
- 提问策略

关联原则

- 原则 1　享受销售，才能持续成功
- 原则 5　高压销售有时也能成单，但不代表它有效
- 原则 26　千万，千万别像个销售人员

思考题：

如何引导客户自我发现、自我评估，而不需要你刻意“撒盐”？

行动：

回想一个你曾经很努力地“撕开伤口撒盐”却并不成功的案例，你从中能看到什么、学到什么？

原则 39
知己知彼，决胜千里

小胡是一家外资宠物医药 V 公司在江浙地区的业务代表，他们的产品在国内属于高端线，客户口碑也一直不错。他今天的重点是向所在辖区的宠物医院、宠物店推介他们的药浴香波，这是一款用以治疗宠物皮肤病的洗浴产品。

一般而言，导致宠物皮肤病的原因有几种：真菌感染、细菌感染、寄生虫感染、免疫性疾病等。V 公司药浴香波（简称 V 香波）的特点是专治真菌性感染，因此对真菌感染的皮肤病效果特别好，而对其他原因导致的皮肤病则效果一般。相反，同类竞争对手的 M 产品，则属于“通用型”，不管什么病因，效果基本过得去，但容易出现皮肤干燥以及产生较多皮屑的问题。对于真菌感染导致的病例，M 产品的效果则明显不如 V 香波（主要问题是使用 M 产品后的恢复时间长、容易反复等）。

“李院长，咱们以前用的 M 产品，效果应该不错。”

“嗯，还过得去。”

“他们也是很不错的产品，各种皮肤病都能治。我有一些客户反映，有些狗的治疗周期比较长，而且容易反复；也有一些狗治疗后皮肤很干燥，甚至产生很多皮屑，不知道咱们有没有遇到类似的情况？”

“这个好像是有碰到过，是什么原因呢？”

“因为，M 产品的特点是……”

“原来是这样啊，你们公司确实比较专业，其实，上次有个病例就是复发了几次，客户不太满意，还跑去网上给我们差评。 M 产品的特点是通用，医生都不用诊断病因。”

“的确是这样的，对医生来说 M 产品是傻瓜化操作，专业性要求不高，对您的医生也应该是个比较省心省力的选择，是吧？”（小胡之前就清楚，这家医院一直很在乎专业性）

“不能图简单，能对症才是真才实学，医生才能有成长。”

“我记得您上次提起过要对医生安排更多的培训计划，不知道进展得怎么样了？”

“已经开始做了，上个月我们还组织了全员的业务知识分享和竞赛。”

“嗯，我给您带了一本最新的《宠物皮肤病治疗案例与分析》。”

“谢谢，这次你先给我来 5 套 V 香波，回头你们的讲座也通知我一下。”

掌握尽可能多的产品知识，但谨慎使用

行业和产品知识重要吗？当然重要！作为职业销售人员，必须掌握尽可能多的产品知识，但是需要小心谨慎地使用。很多时候，销售人员在还没搞清客户痛点之前就一股脑儿地往外倒“专业知识”，这种做法是无效的，甚至会适得其反。

同时，了解同行和竞争对手的信息也是很重要的。销售人员需要非常清楚同行的特点、优势与劣势，才能扬长避短。正如上面的例子，小胡正是因为对自己的产品、对客户、对竞争对手和行业都有比较深入的了解，才能做到有的放矢，大大提升了销售的效率。

符合“客户认知”的才是竞争优势

客户做出购买决定，并不是一个随机的过程，而是一个有逻辑的决策过

程。虽然不排除有一些购买是冲动的非理性购买，但对于大多数的购买行为，我们希望客户是有意识地选择了我们，这样才不至于事后反悔，或者下次又轻易地选择其他供应商。因此，客户做出选择需要一个或多个理由，那就是我们的“差异化”，也就是我们的“比较优势”，无论这个差异化是产品质量、性能、功效，还是服务支持、物流配送，又或者是知识转移、综合配套等。

因此，我们的竞争优势要考虑两个方面。

第一，价值定位。大多数公司/产品都有自己非常清晰的价值定位，并由此形成了竞争优势。这个层面的竞争优势，是需要公司去积累的。（如果你的公司还没有搞清楚这方面的比较优势，请联系桑德拉，我们的价值定位工具和工作坊可能会对您有所启发。）在开篇案例中，有针对性地彻底解决真菌性皮肤病，不易复发、不损伤皮肤、不产生皮屑，是公司/产品层面的竞争优势。作为销售人员，去选择和甄别更有可能匹配这个价值的客户，会大大提升你的效率。

第二，跟“客户认知”产生关联。如开篇案例中的小胡，他非常清楚该客户对于医生的培养是很在意的，而这个“针对性”诊断和用药，恰好吻合了客户的这一认知。相反，如果是一个以卖药为主、欠缺专业诊断能力的宠物店，则非常可能更倾向于选择“通用型”的M产品，因为这类宠物店客户的认知是越简单越好。在这一点上，销售人员可以通过自己的行业积累、专业洞察、销售及沟通技能，去倾听、发掘、引导、修改“客户认知”。另一方面，根据你对客户需求的理解，去整合所有的资源来促成销售，也是作为职业销售人员可以做、能够做、应该做的事情。做好了这些工作以后，面对“认知”不匹配且不可改变的客户，尽早放弃才是正确的选择。

如果你对桑德拉“竞争定位”工具感兴趣，可在微信中搜索并关注公众号“桑德拉销售体系”，回复关键词“原则工具”，获取该工具。

关联知识点

- 价值定位工具
- 提问策略
- 解决方案构建

关联原则

- 原则 13　建立科学的客户开发系统
- 原则 22　不要给客户画“海鸥”
- 原则 45　你最好的方案展示，是客户看不到的

思考题：

市场部/销售人员在差异化竞争中的角色和作用分别是什么？

行动：

回顾你曾经跟进失败的三个客户，结合自己的产品竞争优势及客户认知进行反思，如果时间倒流，你会怎么做呢？

原则 40
持续创造价值

小吴："邓总，您这个包装设计很新颖，这一系列的新品也很有创意。不过我们帮您打样后可能会有一些色差，毕竟在纸上的效果和印铁的效果是有差别的。我建议您还是以淡金色为底色，这样在马口铁上印刷的效果会更好，然后每个产品用不同的图案颜色做区分。我到时候给您多出几个样，供您选择，可以吗？"

客户："印在不同材质上的色差效果我倒是没有考虑到。那麻烦你多出几个小样。"

几个月以后，产品上市了。

客户："小吴，我们的系列新品在糖酒会上大获成功，现在订单排产都到 4 个月以后了。新颖的淡金色包装吸引了大批客户，我得感谢你上次提供的建议呀。"

小吴："祝贺您的成功！也期待我们一同为终端客户带来更好的产品。"

客户："小吴，你说得很对，只有终端客户满意，我们才算一起成功了。"

在这个案例中，小吴正是利用自己的行业洞察和经验，协助客户取得了成功，自然也就获得了客户的认可和尊重。

价值是基石

为客户创造价值是企业的使命。为帮客户解决问题而设计制造的产品、为使客户正确使用产品并解决相关问题而开展的服务，都是在为客户创造价值。销售方面的竞争，归根结底比的是谁能为客户创造更多的价值，谁的效率更高。

许多公司都会进行“产品定位”“客户定位”等，目的是为了更有效率地创造、传递、交付价值。这些，往往是公司层面决定的事情。

除了公司本身设定的产品和服务之外，销售人员个人也能为客户创造价值。这取决于销售人员是否有这种意识、意愿、能力（如商业嗅觉、行业经验）和资源。

开篇案例中的销售员小吴就是一个“有心人”，他的心里一直装有客户。这是半年多以后的另一次对话。

小吴：“邓总，这段时间我在全国各地出差，经常去各个商场了解市场，顺便也会看看您公司的产品销售情况。我现在就在成都的一个商场。看起来Z系列产品的铺货率很高，全国主要大城市的商场都有上架啊。”

客户：“嗯，市场还不错。虽然说现在的出货量比之前放慢了，但还是在加班加点生产，生怕供不上货，影响经销商销售。”

小吴：“不过邓总，我观察了一下咱们货品的生产日期，发现还是4个月前生产的占大多数，而且这还不是个例，而是普遍现象。我感觉是不是前段时间，您这边做了很大的让利，所以货都积压在渠道环节，实际上终端消费还没那么火热？您是不是关注一下经销商的出库和动销？另外库存是否也要控制一下，要不将来风险可能会增加。”

客户：“经销商的出库我确实没留意，我马上去了解下。谢谢你的反馈。”

为客户分类，从而更好地提供价值

当然，由于资源的稀缺性，销售人员不可能为每一个客户都不遗余力地创造价值。因此，对客户进行分类管理就显得十分重要。除了公司的分类标准，每个销售人员内心也可以有一个标准，为不同的客户投入不同的关注度和资源。

在桑德拉，我们有个 K. A. R. E 分类方法。根据销售人员对客户、市场、行业的理解，把客户分成了四类。分别是：Keep—保持，Attain—新获取，Recapture—重新激活，Expand—扩展。还可以在每个类别下继续划分重要性等级。不论如何分类，核心就是把有限的资源投入“值得”的客户身上。

作为一个专业的销售人员，合理利用资源为客户创造价值是争取持续成功的关键因素。

关联知识点

- 价值定位工具
- K. A. R. E
- 区域规划

关联原则

- 原则 13　建立科学的客户开发系统
- 原则 17　销售不是即兴表演
- 原则 49　成交，是新的销售起点

思考题：

你的公司是如何为客户创造价值的？你个人又是如何为客户创造价值的？

行动：

对你的客户进行分类，思考与每类客户的互动和服务标准。

原则 41

大大方方地谈钱

“接下来的 60 分钟，我给大家讲解一下方案”。黎经理打开他精心准备的 PPT，用了 30 分钟进行各种技术、参数的说明和讲解，包括以往实施的成功案例，客户的反馈，需要注意的细节，等等。

“麻烦你把 ×× 计算模型的细节再解释一下。”市场部王总说。

“好的，这个计算模型是……”

讲到第 50 分钟的时候，气喘吁吁的黎经理终于翻到了“金额”这一页。他特意把价格放到最后，就是希望展示完技术、方案、价值，最后能用价格“神奇地”打动客户。

黎经理清了清嗓子：“我们的收费方式是这样的……相应地，我们将为您提供 A，以及 B，还有 C……，这是非常全面、深入的方案，总共的价格是 60 万元。”他停顿了片刻，他的眼神在会议室里游移，试图寻找一丝支持或是认同的目光。

“为了表示我们的诚意，我们给贵公司申请了特价，只需要——”他翻开了下一页 PPT，“只需要 48 万！”（他期待着客户惊喜的表情）

客户沉默了一下，问：“这个价格还可以优惠吗？”

黎经理的喉咙仿佛被什么堵住了，过了几秒钟，他有点儿无奈地说“这个价格，已经是我们很有诚意的价格了。”

“嗯，我们考虑一下。”

回去的路上，黎经理非常失落，他感到一种深深的挫败感、无力感。

不要害怕谈钱

在销售过程中，讨论价格往往会成为许多销售人员的障碍。这通常表现为刻意回避谈钱。他们引起兴趣、激发需求、展示优势、做方案、处理反对意见……他们做了那么多的工作，但就是不去实质性地谈钱，总想拖到最后。因为他们担心会把客户吓跑，或者陷入“僵局”。

> “谢谢你的介绍。你们的这种建筑涂料多少钱一升？”
>
> “钱都好商量，我们最后再谈，价格都有余地，我们会尽最大的努力给到您最大的折扣。”

另一个重要的原因，可能是因为在成长过程中，他们被灌输了一个观念：金钱是一个不应轻易讨论的敏感话题。如果问别人“你有多少钱”或者“你挣多少钱”，那是很不礼貌的，是不合适的。随着时间的推移，这种观念逐渐内化为一种潜意识中的不适感，导致许多人在涉及金钱的对话中感到不自在。

这种心理上的不适不仅影响了个人的金钱观，也影响了销售人员的工作表现。如果销售人员在谈及价格时显得紧张或不自然，客户很容易察觉到这一点，从而影响客户对销售人员的信任度，或者被客户加以利用，不断向销售人员施压。

以正确的方式谈钱

很多传统销售人员，要么是在验证业务机会的阶段蜻蜓点水、轻描淡写地提及钱（带着不好意思、小心翼翼的味道），要么是在拼命展示自己的方案和价值之后，“希望”“祈祷”不会在金钱上出问题。

与传统的销售人员相比，在桑德拉潜水艇销售系统中跟客户讨论金钱/预算的阶段会来得更早一些。全面诊断了解客户的“痛”以后，就是我们跟客户讨论预算的时机了。为什么呢？因为客户已经知道了“痛/快乐”对于他的“影响/价值”，产生了“想要购买”的念头，那自然就要涉及评估“投入”了。这种评估和讨论，是帮助客户走完购买旅程的重要一环。

请注意，我这里说的是“讨论”，而不是“证明”，也不是“说服”。我们需要做的是跟客户探讨可能的预算投入需要多少，客户预期是多少，怎么办。

A 集团是全国首屈一指的金融集团，也是行业的标杆。他们在市面上调研了众多的销售培训和辅导机构，也听过集团内部的不少员工对桑德拉的赞誉（有人已经学习过部分课程，并取得了很多阶段性的成功），双方团队经过了前期的数次沟通。这天，我来到了他们宽敞明亮、宏伟壮观的总部大楼办公室，商讨 A 集团购买桑德拉课程版权、培养数百名内部实战教练以帮助 A 集团在内部对数万名员工进行培训的事宜。

“贵司这次在预算方面是怎么规划的？”

“你们一般这种业务的收费是多少？”

“大概是 X 万元。”

“哇，太贵了！”

“嗯，我们确实不便宜，那您的预期是？”

“Y 万元。我们以往做类似的项目就是这么多。”

“呃……听起来差距比较大，我们几乎不可能做到您说的价格，您有什么建议？”

请注意“听起来差距比较大，您有什么建议？”背后的心理状态。

这不是一种急于自我证明的状态——我们贵有贵的道理，因为……这也不是“劝说”“游说”客户——桑德拉能落地到最后一米，在实战中解决问题——尽管这是事实，客户在之前调研和沟通阶段也已经意识到这一点。

这是一种与客户客观地进行探讨的心态，是一种“甄别”业务机会的心态，这是内在有价值感、有力量的状态。你当然可以使用更柔和、亲切的表达方式，但重点是——要内心有力量、大大方方、不卑不亢地谈论钱。

没有预算（钱/资源/时间），就没有销售。如果客户的预算跟你的产品或服务完全没有交集，那么你投入的时间、精力、成本费用都会打水漂。何不提前弄清楚金钱是否会阻碍你拿下订单呢——在你尚未深陷其中不可自拔之前！

关联知识点

- 限制性信念
- 挖掘预算的策略和技巧
- T－A 交互心理学

关联原则

- 原则 6　协同发展“成功金三角”
- 原则 7　清除头脑里的“垃圾”
- 原则 42　你值得

思考题：

许多销售人员不能大大方方地谈论钱，这背后有哪些心理因素在作祟？如何破解？

行动：

留意自己和身边的同事，通常什么时候、以什么心态和方式跟客户谈论钱。

原则 42
你值得

“伍老师，我们这个 LED 显示屏行业的竞争已经白热化，技术壁垒也不高，所以价格在这个行业是非常敏感的”。 在一次公开课上，有位女士举手说。“所以没办法，想要在竞争中获胜，低价竞争是不可避免的，但是我们老板经常不放价格，让我们很难做”。 她补充道。

“嗯，理解。价格的确是一个重要的因素，在各行各业都一样。 在你们行业当中有没有别的公司的产品，可能产品质量不一定比你们好，但是他们在市场上的价格可能卖得比你们还贵的呢？”

“有啊，C 公司是这样子的，他们的产品不如我们的好，价格还比我们的贵。可能他们是老牌子了，客户认他们。”

“嗯。在你们自己公司内部，有没有一些人业绩比你好，而且价格还比你卖得高呢？”

“有，我们公司 ××，他的成交价一般比较高，而且业绩常年排名前列。”

“这样的人只有他一个吗？”

“还有好几个。”

“嗯，你刚才说过客户对价格特别敏感，甚至会在很大程度上决定你能不能卖出去。而你提到的那几个业绩比你好、价格还比你卖得贵的人，他们是怎么做到的？”

…… ……

“自我预言”总是应验

“金钱是一种观念”，《富爸爸，穷爸爸》的作者揭示了一个值得我们深思的观点。我们潜意识层面对金钱的态度、认知、感受决定了我们和金钱的关系，进而又影响了我们的外在表现。销售人员潜在的对金钱的看法，时时刻刻都影响着他们是否能卖更多，且卖得更轻松。

在本文开篇的例子中，这位销售人员的信念是：谁的价格低，客户就会买谁的。这只是她的个人认知，未必是事实。但这样的心智模式一直影响着她，结果就证明了她的判断“完全正确”——她果然卖不出高价钱。她进入了一个循环：她相信客户对价格很敏感——客户经常在价格上给她施压——为了赢单，必须降价——她再次强化了客户非常在乎价格的信念。

而在我们后续的对话中，她慢慢“看到”了这样的一些状况：她从小成长在一个相对匮乏的环境中，很多城里孩子唾手可得的东西对她来说都是一种奢望，久而久之她形成了“必须要付出很多的努力才值得奖励回报”“凡事不可能轻而易举成功”的心智模式。她还形成了根深蒂固的“信念”——“买东西要买性价比高的”。所有的这一切，都闪现在她的眼神里，流露在她的眉宇之间，沉淀在她的气质里，体现在她的销售工作和生活的方方面面。

匮乏的意识

在生活中，我们很多人都有“匮乏感”，而不是“丰盛感”。所谓匮乏感，就是感觉很多美好的东西是不够的，是稀缺的，或者是自己不配得到的。比如一些长辈，他们平时过惯了节俭的日子，舍不得吃、舍不得用一些“好东西”，总是要留到有“重要客人”来的时候或者等到过年之类的“重要”日子才拿出来。换句话说，在潜意识深处，他们可能觉得自己不够重要，不值得去享有这份丰盛与美好，他们的意识层面不是丰盛的，是匮乏的。

这种匮乏意识是内在的，是心智上的，跟外在的物质财富未必直接关联。我们身边有一些人，舍得对别人好，但就是舍不得给自己花钱。当宴请客人的时候，都点最好的菜；当点给自己吃的时候，就下意识地先看价格栏，限定在某个范围之内的才点。这几乎成了一个下意识的动作，尽管他早就能够轻而易举地负担这些费用。

这里所说的一切无关乎贪婪、享乐，而是要你去留意自己内心的心理状态，它是匮乏的，还是丰盛的、值得的。这也无关乎好坏对错，只关乎“觉知”。

你是“丰盛的”，你是“值得的”！你值得被客户尊重；你所付出的辛劳值得对等的回报；你值得过美好的生活；你配得上一切丰盛和美好！真正的你——你的本体，一直都是满分，没有人可以改变这一点。

关联知识点

- 本体/角色
- 童年心理剧本
- 成功金三角

关联原则

- 原则 7　清除头脑里的“垃圾”
- 原则 8　你的内在自我价值感决定了外在表现
- 原则 41　大大方方地谈钱

思考题：

你有哪些“限制性信念”和“匮乏意识”在阻碍你取得更高的成就？

行动：

找到总是卖得多而且卖得价格好的同事，跟他交流一下关于金钱和价格的看法。

原则 43

不要逼单，学会与客户共舞

“先生您好！买车吗？我们这款是今年新上市的车，动力强劲、操控性好，价格才 18.9 万起，性价比非常高。”

“谢谢，我先看看。”

“我们最近在做活动，现在购买的话还有大礼包，赠送全车贴膜、GPS 和车衣，活动下个月结束，你如果感兴趣要尽快下订啊。”

“好的。”

“这次活动我们的优惠力度是有史以来最大的，过了这个村，可就没这个店了哦！”

“我还没确定好要买什么车，再看看吧。”

客户的采购阶段

销售人员的业绩决定了其个人收入，甚至影响着公司的生存发展。正因如此，许多销售人员（以及销售主管）都表现得操之过急，结果却经常适得其反。

一般来讲，对于大金额的采购，客户都有自己的购买阶段。首先，客户需要意识到“不满”，产生想要改变的念头（“痛”）。当客户开始正式进行调研考察后，他的购买行为大概可以分为产生需求的阶段、形成明确采购标准的阶段、做出购买决策的阶段。每一个阶段都有其特点，客户也有特定的关注点，销售人员要做的就是去匹配潜在客户的这种购买节奏，操之过急反而会弄巧成拙。

第一，产生需求的阶段。在这个阶段，客户只是觉得有需求，但是并没有对自己要购买的产品有一个清晰、具体的定义。只有在进一步调研或者看到产品后才会逐步清晰自己的采购标准。这时候，销售人员应该做的应该是协助客户理清和梳理他的需求，挖掘客户没有意识到的需求。而不是去兜售自己产品的特点、优势和给客户带来的价值。

> “我们这个型号的手提电脑设计轻巧，采用触摸屏，完全可以脱离鼠标的束缚，还有一个优势，就是待机时间很长。”——先别着急，如果潜在客户购买电脑主要为了玩电子游戏，那么这些可能都不是他的关注点。

第二，形成明确采购标准的阶段。在这个阶段，潜在客户调研了市面上的各种产品之后，开始对照自己的需求，形成自己的采购标准。此时，销售人员应该是帮助客户去厘清每一条采购标准并进行排序；当然，你也可以润物细无声地引导客户设立更科学的采购标准。

潜在客户：“我们需要对全球三十多家公司的销售人员进行销售培训。”

销售人员：“嗯，不知道您对供应商有什么具体的要求？”

潜在客户：“首先必须保证是国际版权的公司，因为我们的销售人员也是面向全球在销售，其次就是老师的经验要比较丰富。”

销售人员：“理解。还有别的吗？”

潜在客户：“主要就是这些吧。”

销售人员：“我们以往类似您这样的客户会特别看重本地化的交付和落地辅导支持。这个对您来说似乎不是特别重要的一个诉求，是吗？”

潜在客户：“不不不，这个很重要，因为我们后期是要看实战落地效果，以及要对销售进行辅导的。”

销售人员："您怎么来确保落地和辅导的效果呢？"

潜在客户："所以我们希望老师是有经验的，课堂上大家的反馈都要比较好……"

销售人员："嗯，是的，老师很重要。同时我也很好奇，您会怎么鉴别培训内容是真的有效好用，而不是课堂上听起来很对，用起来却很难落地呢？毕竟现在很多讲师都挺擅长通过讲段子让学员在课堂上感觉很好。"

正如这段对话里所展示的，销售人员在探寻客户的采购标准，并在引导和帮助客户建立更加科学的决策标准。

第三，做出购买决策的阶段。这个时候销售人员要做的是减少客户对于做错决策的顾虑，这样才是站在客户的角度协助他购买。相反，销售人员的很多逼单行为，是站在自己"想要快点成交"的角度出发，显得很自私、功利，结果往往是所有的大招都出完了，客户仍然不下单，这让销售人员尴尬不已、无所适从。

慢下来，卖得更快

操之过急、过早兜售优势、给出方案、促销、逼单，这些都只会弄巧成拙，让销售人员的内心焦躁不安，充满无力感和挫败感。站在客户的角度，多问问自己客户现在处于什么阶段，和客户保持同步，协助客户走完购买阶段，消除客户的抵触和不安全感，才会更有效果。

你要做的不是生拉硬拽客户去成交，这样双方都很难受，何不学着踩准节奏，与客户共舞呢？

关联知识点

- “痛”的阶段
- 假设性提问

关联原则

- 原则 5　高压销售有时也能成单，但不代表它有效
- 原则 36　停止兜售 FAB（特性、优势、价值）

思考题：

每逢季度末、年末考核，你（公司）都会进行“逼单”吗？这样的销售过程对客户和你会造成哪些不利影响呢？你的销售（以及管理）该做出什么改变呢？

行动：

回想一个你进行了逼单却没有成功的情景，思考一下问题出在哪个环节，应该怎么做。

原则 44
果敢地迈向决策者

“小徐，这个项目你一直都在和基层的技术人员打交道，你得去找他们的领导。”

“好的，经理，我感觉张总这么忙，未必会过问采购这个细节吧，我和工程师先搞好关系，他们挺认可我们的。”

两周后，经理又问：“见到他们领导了吗？”

“呃，还没有，他们领导比较忙。”小徐应付着，其实他心里清楚，对于见客户的高层，他心里有种莫名的不舒服的感觉，所以一拖再拖。

又过了两周。

“你必须想办法见到主管研发的一把手，否则不保险！”经理严肃地告诫小徐。小徐不得不硬着头皮去约见张总。

“和张总见面怎么样？”经理问。

“挺好的，我们简单聊了一下，他人还挺好的。”

“他对项目提出什么看法了吗？”

“没啥特别的，我也不知道该和他聊什么，我给他介绍了一下产品。张总比较忙，他说这些细节问题让我和技术工程师沟通就可以。技术工程师挺支持我们的。”

不幸的是，最终小徐丢掉了订单。

从态度、技巧、工具上做好准备

在客户公司内部只有单一的接触人，或者接触人的层级太低，是许多销售人员经常面临的问题。出现这个问题的原因或许有以下几个：

1. 没有结构性的流程、步骤和工具，帮助销售人员清晰地探寻和发现客户的决策链信息；或者探索得不准确。别忘了，客户总是在“撒谎”。

2. 销售人员的心理障碍。他们习惯跟自己同一级别的人打交道，这让他们感觉是安全、可控、舒适的。而与高层打交道，他感觉到不对等、不舒服。这与销售人员的内在自我价值感有关。

3. 不知道和高层谈什么。销售人员只会在产品、技术层面与使用者交流，完全不了解高层的视角和思维，更不知道如何将产品与之关联和匹配，好不容易见了面，也只是套近乎、混脸熟。

销售人员需要敢于去见高层，见到高层需要有话题、能深入；还需要有方法论和工具，支持你做好准备并执行。这是一个职业销售人员的自我修炼。不妨问问自己，你或你的团队在哪个点上可以更进一步呢？

你得先成为一个果敢的销售人员

在销售互动的过程中，作为销售人员，你需要对客户方的决策方式以及跟你打交道的人的决策层级做出判断。而在某个时刻，你需要做出决定，向上销售，去面见更重要、更有影响力的决策者。在某个时刻，你要决定不接受客户含含糊糊的“考虑考虑”，不打算无限制地容忍客户，被牵着鼻子走，你要要求客户做出具体的承诺。

事实上，在你引导客户一步步往前推进销售流程的时候，有很多的工作需要做，每一步都要基于掌握的资讯做出下面两个决定之一：

1. 继续跟进，以及接下来具体做什么销售动作、怎么做。

2. 放弃这个机会。

我们发现，顶尖的销售人员都具备果敢的特质，他们首先必须是个果敢的销售人员——尽管他们可能表现得很温和。他们总是非常清晰下一步该做什么，并且懂得恰到好处地引导客户配合他们这么做，而这种坚定和果敢，也在潜移默化地影响着客户，因此他们的销售周期更短、效率更高。相反，低效的销售人员，要么总是得不到关键信息，要么总是犹豫不决、拖泥带水，导致销售周期越来越长，订单越来越少。

因此，你——销售人员，要成为一个果敢的人！

如果你对桑德拉“客户关系增进”工具感兴趣，可在微信中搜索并关注公众号“桑德拉销售体系”，回复关键词“原则工具”，获取该工具。

关联知识点

- 机会甄别
- K. A. R. E
- 决策流程

关联原则

- 原则 8　你的内在自我价值感决定了外在表现
- 原则 9　把你的“孩子”留在家里

思考题：

有哪些原因导致销售人员见不到关键的决策者？

行动：

筛选出你现有的两个重要潜在客户，梳理一下该如何策划面见关键决策者，见到以后你会怎么做？

原则 45

你最好的方案展示，是客户看不到的

鲍经理就职于德国的一家工业软件公司，公司已经有36年的历史，专注于冶金、塑料行业的生产模拟分析，以提升和改善生产工艺。鲍经理是技术背景出身，对公司的产品和技术有着深厚的了解，并为之感到自豪。他转岗为销售人员已经有三个年头了。

“李工，我们公司在行业里面的口碑您是清楚的。基于您的需求，我可以做一份方案，然后跟您当面讲解一下。”这是鲍经理再一次以方案为理由约见客户。

今天鲍经理来到现场为客户进行方案展示。他详细地列举了过往的成功案例，客户的初步需求，以及自己产品的匹配性。客户在现场频频点头，表示出对他们专业性的赞赏。鲍经理也“感觉良好”。

“鲍经理，经过今天的沟通，您应该对我们的需求有了更进一步的了解。能否麻烦您把方案再更新一下，更匹配我们的具体场景？”

“非常愿意为您效劳。”鲍经理愉快地答应道，他相信自己激发了客户的兴趣，并在三天内为客户提供了一份更具体、更个性化的专业方案。

“鲍经理，我们的质量总监对A方面提出了一些看法，能否请您做一些相应的调整？”

鲍经理按照客户的要求，用心地调整了方案，希望用专业性打动客户。一周很快过去了，客户对新方案有了反馈。

“鲍经理，我们的生产副总对B方面有一些疑虑。能否请您更进一步地说明一下，并且补充到方案里面？”

两周以后，鲍经理跟进客户了解进展。客户回答说团队内部对于技术路线还没有完全达成一致，对鲍经理的方案仍然有不少疑虑。

这样的场景您一定不陌生，尤其对于技术性较强的产品或服务的销售，方案展示似乎是必不可少的。如果在展示过程中，销售人员能把公司和产品的优势图文并茂、淋漓尽致地展现出来，并且能对潜在客户的提问对答如流，现场客户不住地点头，销售人员就会认为方案的展示是成功的。如果最终订单没能拿下，销售人员往往也不会认为问题出在方案展示环节。

不要急于展示方案

我们在辅导销售的时候发现，90%的情况下，方案展示可能做得太早了。销售人员热衷于过早地做方案、展示方案，大概有以下几方面的原因：

1. 他们习惯于依赖方案来诱使客户见面，似乎这样比较容易约见客户。

2. 销售人员认为：方案展示越充分，客户购买可能性越大。

3. 展示方案可以让销售人员表现其专业能力，从而获得认同和尊重，销售人员的自我感觉也很好。

4. 销售人员觉得要积极配合客户，响应客户的诉求，才更有可能拿到订单。

不幸的是，销售人员如果依赖方案来说服客户购买，会留下诸多隐患。比如做了免费咨询、反复修改方案、被客户反复压价等。桑德拉的观点是，客户应该在你展示正式方案之前，就已经决定（或者起码是有倾向）从你这里购买了。

启发客户自己发现跟你购买的理由

或许有的时候，你需要一个初始的方案框架去促成与客户展开深入的讨论。但这个框架式方案只是一个引子，你并不依赖它来说服客户购买。打动客户的关键，不在于你把方案先做的很完整、很完美，然后去说服客户。相反，你要提一些问题引导客户去发现他的需求与你的产品之间的匹配性——尽管这个环节销售人员并没有做正式的、书面的方案展示和演讲，客户也不会认为这就是“方案展示”，但它就是最佳的方案展示。

销售人员：“客户找到我们，通常是关心增加单位时间产量的同时降低废品率，又或者是降低成本而不牺牲质量。这两者中，哪方面对您更重要？”

请注意，这个销售人员基于自己的行业经验和对自己公司优势的了解，聚焦在公司所擅长的两个特定领域，并把对话引向这些领域，而非其他。当客户选择 A（或 B）后，他只需简单地问，“为什么您这么重视 A（或 B）呢?”

通过这样的方式让客户来讲述自己感兴趣的话题——不是随便一个感兴趣的话题，而是与自己公司能力吻合的话题。并在后期的探讨中引导客户自己去产生匹配性——我真的需要他们的这些能力和特点。

在这个“看不到的”演讲中，销售人员还可以问一些其他问题，继续引导客户聚焦在你可以为他所提供的产品或服务。

销售人员：如果您现有的工序能够把去毛刺和抛光合并处理，对您的生产效率提升会有价值吗？ 这件事是您目前关注的吗?

销售人员：您觉得造成这些困扰的主要原因可能有哪些?

销售人员：除了您刚才说的这些原因，我们许多客户还发现 X 方面的因素有可能会造成重大影响，不知道您这边对 X 方面怎么看?

销售人员只要清楚自身产品能给客户带来的价值，就可以引导客户自己去发现这些价值。如果客户意识到并认同这些价值，销售人员就已经是在悄悄地进行“方案展示”了。后面的正式提案只是把这些共识写成资料，真正的方案展示，其实是之前的提问、引导与渗透——这是客户“看不到”的，却是最好的方案展示。

关联知识点

- 30 秒广告
- “痛”的漏斗
- 假设性提问

关联原则

- 原则 18　不要把糖果撒在大堂
- 原则 36　停止兜售 FAB（特性、优势、价值）
- 原则 37　没有“痛”，就没有销售

思考题：

为什么说最好的方案展示是潜在客户“看不到”的？

行动：

做一个漂亮的方案展示，设计至少五个“试水”问题来衡量潜在顾客对你的产品或服务是否真的需要。

原则 46 小心煮熟的鸭子飞了

"苏经理，昨天把合同传给您了，您还没有给我回传过来啊。"

"小峰啊，不好意思，这个合同暂时不能执行了。"

"我们上周不是已经谈好了吗？"

"呃……我们的高级副总要求我们邀请原有供应商进行谈判，重新评估。"

有时销售人员刚从一个潜在客户处获得采购决定，第二天就接到了客户的电话要求暂停这个订单，或者更糟糕的是干脆取消这个订单。

到底什么地方出错了？显然，客户有了其他考虑：或许是他的"痛点"没有得到切实的解决，又或者是一些之前被忽略的问题冒了出来，也可能是冷静下来后发现被销售人员"忽悠"了，还可能是买方内部有人要求跟其他供应商合作。

当然，这些突如其来的变化对任何销售人员来说都不是好事。很多"聪明"的销售人员想出一个"创新"的方法来保护自己：那就是"拿到订单赶紧开溜"的策略，不给客户机会反悔！

"赶紧开溜"可能不是一个好方法

"拿到订单赶紧开溜"其实是在逃避现实。如果强行让客户购买，也许保证了这一单，但也很可能破坏了建立长期关系的机会。

我有两个来自美容行业的客户（包括医疗美容和生活美容），他们的故事或许会给你一些启发。

第一个客户小莉，她所在的公司在全国有上百家连锁店，小莉是上海分公司的销售负责人。一次课程结束后，小莉找到我，她正在为一桩客户纠纷而苦恼。女客户的丈夫向行政主管部门投诉了他们医院，理由是业务操作不规范，对客户人身安全造成安全隐患，要求全额退款，并赔偿损失。

小莉坚持认为她们的业务操作完全合规、安全。但不知道为何女客户拒绝出面沟通，而她先生则咬定需要退款及赔偿。这场纠纷让小丽极为头疼。

在反复地了解、询问、沟通以后，小莉终于说出了问题的根源。这名客户起初想做一个小型的医疗整形项目，金额大约 10 万元。但在销售人员的诱导下，女客户累计投入了 50 万元，做了许多项目。她的先生知道后感到非常愤怒，于是变着法子来找茬。

不要试图套住客户接受一桩交易，更好的策略是让客户在签署订单前对他的购买决定足够满意，并且使其相信没有理由会反悔。

给客户反悔的机会

为做到这点，不应通过重述所有的优点——产品或服务提供的价值和优势——去加强客户购买的决心，实际上应该在签署订单前给客户一个反悔的机会，鼓励他慎重考虑他的决定，确保没有后顾之忧。如果还存在什么不确定之处，提出来共同讨论，让客户对这个决定感到尽可能放心。

这样做有几个好处。首先，它提升了你的信誉。只有那些对产品或服务特别有信心的人才会鼓励客户重新考虑他们的决定。其次，这个策略给潜在客户一个机会来重新确认他的选择。如果他还有别的顾虑，应该让他在没有压力的情况下表达出来。第三，如果潜在客户确实存有怀疑，可以面对面地来处理这些问题，这远比等他回去之后再反悔要好。

下面是我们另一个医美行业的客户小琪，她的客户购买了一个近 20 万元的医美项目，付款之前她是这样做的。

小　　琪：李小姐，非常感谢您对我们的信任，我很期待能有机会为您服务。我想请问是否还存在什么问题，会让您有可能改变主意吗？

潜在客户：我没有想到什么问题。

小　　琪：嗯，很好，有一点我还是想跟您再次确认一下。您也知道在南京不是只有我们一家能做这个项目，而您也知道我们的费用肯定不是最便宜的。所以我想跟您确认一下，不会因为任何其他原因而发生变卦，是吗？如果您还有任何其他想法，现在提还来得及，否则付完款后如果再有变动，对我们双方都会非常麻烦。您是我很重要的客户，我想确保您对这次项目是满意的。

潜在客户：没问题。麻烦你尽快安排后面的事情。

机构的负责人告诉我，这个步骤在实际运用中效果非常好，已经成为他们销售流程中的重要一环。

无论是客户有疑虑想反悔，还是可能面临竞争对手挖角，又或是某些潜在隐患可能导致订单丢失，如果销售人员能够提前知晓并当面处理，都比掩耳盗铃、提心吊胆地等待“炸弹爆炸”更好，不是吗？

关联知识点

- 防止客户反悔
- 防止竞争对手挖角

关联原则

- 原则 14　反其道而行之，做不一样的事情
- 原则 23　在炸弹爆炸前拆除引信

思考题：

有哪些事情可能导致客户承诺的订单“飞”了，你应该做些什么来避免这种情况的发生？

行动：

回想你经历过的“到手的订单”又没了的情形，找出导致出现这种情况的原因。想一想你事前本可以采取些什么防范措施。

Part 6

拜访后总结

桑德拉销售原则

原则 47
有效复盘才是成长的关键

经　　理：“Leo，这次拜访客户你感觉如何？”

销售人员：“感觉还可以，应该比较有戏。”

经　　理：“哦，为什么这么说呢？”

销售人员：“客户反应很积极，对我们的产品很感兴趣，对我们公司的成功案例也非常认可。现场我拿我们的产品和他现有的产品进行了对比演示，客户还是很满意的。”

经　　理：“价格方面客户怎么说？”

销售人员：“见我的是采购经理，我觉得他能拍板。我报完价他也没有表现出很多疑虑。”

经　　理：“我以前跟他们打过交道，都是表面热乎，实际还不一定……”

销售人员：“不会吧？我感觉客户还是很认可的。”

经　　理：“我总有种不对的感觉，你跟紧一点，要不再找设计部的小刘打听打听。”

销售人员：“哦，小刘倒是挺客气的。”（表面应允，心里却觉得这个人没啥用）

切莫简单地“以成败论英雄”

经过销售拜访，并从客户口中听到“好的，就选你们家了”，对每个销售人员来说都是好事，没人会对此提出疑义。得到来自客户的“Yes”会给销售人员增加信心。这当然是件好事！

可遗憾的是，绝大多数销售人员得到“No”的数量会远远超过“Yes”。这是销售人员面临的客观现实。还有另一个现实：这些经常不可避免的“No”会挫伤销售人员，让销售人员感到自己的渺小和失败。

如果我们不能够正确建立一套有效的评估标准，销售人员很容易就简单地以“赢单”“丢单”来评价自己的工作，因为这是最容易，也是最直接的。

但事实并非如此，很多时候，销售人员赢得稀里糊涂，可能仅仅是因为市场好或者运气好；有的时候，销售人员输得不明不白，搞不清楚自己为何丢单，究竟是因为哪里没做好，还是说自己其实做得不错，仅仅是因为一些不可控因素导致的丢单，甚至或许这个订单本来就不匹配，应该主动舍弃。

因此，我们一直强调“胜要胜得清清楚楚，败要败得明明白白”。只有这样，才是一个有效的总结回顾，销售人员才会真正成长。

建立复盘的标准和流程

开篇 Leo 的案例中，他做得好吗？哪里做得好？经理的表现好吗？如果以桑德拉的标准来看，他们的表现都不合格。销售人员内心没有判断订单的标准，没有清晰的销售流程框架，完全在“凭感觉”做事。销售经理同样如此，只是用自己的“经验”在武断地发表评论，更谈不上善用辅导和教练的流程、技巧。现实中，这种“从经验中来，到经验中去”的“传、帮、带”每天都在上演，但总的来说效果是非常差的。

导致复盘低效的第一个重要因素，就是缺乏统一的销售方法论。这致使总结复盘很容易流于经验、流于形式。如果双方有销售共识（比如桑德拉的潜水艇销售模型），立刻就能发现这次拜访没有摸清“痛”的三要素（问题、原因、影响），没有摸清竞争态势，没有了解到预算，没有搞清楚客户的决策方式，没有与客户达成“下一步行动”共识等。

统一的销售方法论一旦缺失，就难以进行有效复盘。通常就是仅凭直觉和经验胡乱总结一通，并获得一种“我总结过了”的自我安慰。

导致复盘低效的第二个重要因素，则是缺少有效复盘的流程和方法。很多销售经理都是因为自己业绩好被提拔的，并没有系统地学习过辅导技能。通常而言，一个好的销售教练，既要懂得专业的教练流程和技巧，又必须是个销售方法论的实战高手，同时还是个业务专家，只有这样才能做出真正高效的“销售辅导”。

在桑德拉，我们无数次地看到，有效的辅导能够在短时间内大幅度提升销售业绩，学员们进步之大，有时候令我们都颇感惊叹。我们也见证了许多公司的系统性大幅提升。当然，前提是“有效的方法论”加上“科学的辅导流程”。

为了便于大多数不同基础的销售人员和经理做好销售拜访总结，以下“简易版”复盘要点可供参考。

1. 从整体看：对照销售人员的拜访前规划（最好提前准备好），看看销售目标的达成情况，同时留意销售阶段及动作是否匹配客户所处的采购阶段；是否达成“清晰的下一步行动”共识；从大的框架和策略上看，销售人员是否掉入“买家系统”被牵着鼻子走，还是按照自己的节奏在推进销售。

2. 从模块看：从具体的模块展开——可参考桑德拉潜水艇框架（或者在你公司被验证真正有效的方法论）——并逐条检验每个步骤、每个要点的执行情况。（Leo 案例中，可以重新逐步对照“痛”、预算、决策要点进行总结）

3. 情景再现：“再做一遍”。回到真实的业务场景中感觉不顺、不妥的环节，用总结后的理解、认知和方法重新“说一遍”。（Leo 案例中，可以重新回到客户对产品很感兴趣的那个对话场景，尝试用桑德拉的反问、钟摆等技巧以发现更多真实信息。如果销售人员不会做，经理需要做示范。）

4. 回到成功金三角。在整个过程中，态度（信念、自我价值感、内在对话等）是怎样影响着你的行为、技巧的使用呢？

“失败”不是“成功”之母，“成功”亦非“成功”之母。只有有效的复盘，才是成长的关键所在。

如果你对桑德拉“拜访后总结”工具感兴趣，可在微信中搜索并关注公众号“桑德拉销售体系”，回复关键词“原则工具”，获取该工具。

关联知识点

- 拜访总结工具
- 成功“金三角”
- SES 企业大客户销售
- 潜水艇销售法

关联原则

- 原则 12　如果你脚疼，可能是你踩在自己的脚趾上了
- 原则 17　销售不是即兴表演

思考题：

有效复盘、总结的前提是什么？为什么销售人员不愿意总结复盘？

行动：

列出你的复盘、总结步骤，并遵照执行。

Part 7

客户经营与服务

桑德拉销售原则

原则 48
培养满意的客户

“这件事情你们处理得太糟糕了，以后没办法再跟你们合作了。”

“李经理，您先消消气，我们也不想的，时间长了，机器难免会出点问题。”

“我不是没给你机会呀，两台都出现了问题，才修好一星期又出故障。”

“确实抱歉，我最近也一直在外面出差，没来得及去现场看。”

“第二次报修，等了四天你们的人才到场，最后还缺了一个配件，要从国外调货。对我们造成的损失你们负责吗？”

“李经理，实在不好意思，这个型号确实停产了，您再给次机会嘛！”

“生产副总在总监会议上质问我，你让我怎么交代！”

销售小王丢掉了一个合作三年的老客户，内心很郁闷。他既自责又恼火。自责的是自己对客户不够上心，自以为客户关系处得不错，心存侥幸；恼火的是，公司的维修调配效率太低，而且工程师不懂沟通技巧，典型的耿直技术男说话方式，让客户很不爽，小王对此很“无语”。

先是客户，再是朋友

以职业方式对待新的客户，好处是显而易见的。但对于那些已经建立长期关系的客户，很多销售人员都慢慢与之处成了“朋友”，那就可以因此而掉以轻心吗？

与客户成为朋友，会让你和客户之间的沟通更舒服、轻松，这是好事。

但不管你们之间的沟通多么舒服，仍然需要维持“买卖”关系——这是基础。作为职业销售人员，必须清楚在任何时候“朋友”关系都不能凌驾于“买卖”关系之上。

一方面，不能因为“关系熟”而产生心理上的懈怠，进而忽略对客户的“价值”兑付，或者忽视客户各个相关部门的满意度。与客户很合得来，有时候会导致销售人员模糊“买卖”这个底层关系，降低“价值交付”的标准。

另一方面，与客户“关系好”可能会引发客户让你“帮小忙”——比如在价格、交期或服务上做一些让步。在客户看来，这只不过是一个无关大局的请求而已，这难道不是朋友的义务吗，彼此为对方着想？但很多时候，这可能超出销售人员的控制范围。

职业出租车司机不会因为跟乘客聊得很开心就关掉计程表；同理，职业销售人员也不会因个人之间的“关系”去做与职责发生冲突的事情。

你的现有客户，是竞争对手的“目标客户”

在你努力开拓新客户的同时，你的现有客户名单也极有可能出现在竞争对手的“目标客户”清单上。这在增长缓慢的存量市场更是如此。有人曾经做过研究，维护一个老客户的成本大约是开发一个新客户的1/5，甚至更少——但前提是你要有意识地去维护老客户。

下列节选自《桑德拉客户维护工具》中的一些问题，会让你对这个问题有更清晰的思考，不妨一一对照给自己做个打分和评估。

- 客户对销售方的满意度
- 销售方对客户方与采购相关决策者的关系覆盖
- 双方的高层关系

- 沟通的便利性及可触达性
- 客户对销售方的依赖程度——你对他们的重要性
- 销售方的业务份额——你和竞争对手的业务占比
- 销售方在客户组织内的渗透性（卖多种产品给客户、卖给客户多个业务单元）

要评估客户的满意度，可以运用桑德拉“以客户为中心的满意度”工具。这个工具强调销售人员要站在客户的角度，明确客户对“满意”的定义，并为影响客户满意度的要素设定权重，然后通过定期正式评估和评分，将模糊的满意度转化为具体指标，便于记录与衡量。这样做，让卖方的努力可以被客户“看到”。当然，如果客户设定了不切实际的期望，调整其预期也至关重要。

> “经理，这个客户是很有潜力的，我觉得值得为他做一些定制。”
> “这涉及研发部门的工作节奏，我也不好调动。”
> “如果我们不做出更有针对性的方案，业务份额很可能越来越少。”
> “如果我去跟总经理汇报，总得有说服他的依据呀。”

在对客户的满意度进行真实有效的评估、追踪、改进的基础上，就可以引入下一个重要的工作——价值回顾。销售人员应当促成买卖双方的高层人员共同参与，进行定期的（比如半年度）价值回顾和业务交流。这项工作意义重大，对外，它能帮助卖方更全面地了解客户、发现业务机遇，促进与客户建立多层次的关系，促成与客户达成战略性或创新性合作的机会。对内，销售人员则能借助公司高层的力量，整合内部资源，提升对客户的服务水平。

关联知识点

- 客户维护工具
- 季度性价值回顾工具
- RACI 工具

关联原则

- 原则 17　销售不是即兴表演
- 原则 40　持续创造价值
- 原则 49　成交，是新的销售起点

思考题：

1. 以客户为中心，为客户创造价值，需要销售人员具备哪些能力？

2. 以客户为中心，为客户创造价值，需要销售组织具备什么特点？

行动：

列出你心目中的Top3 客户，结合本文中的客户维护问题清单，做评估打分，并制定相应的行动方案。

原则 49
成交，是新的销售起点

“陈总，我看你来青岛总是住这家酒店。其实这家已经是比较老的五星级酒店了，你怎么不住新一点的酒店呢？”

“我住在这家酒店感觉很熟悉，从大堂、前台到普通服务员，他们都能叫得上我的名字，感觉很亲切。我喜欢喝本地的崂山茶，第一次我是自带崂山茶来入住。他们酒店本来只提供常用的茶包，但是后来每次我入住，他们都给我放一小罐崂山茶。”

“那还真挺用心的。怪不得你每次都把会议安排在这里。”

“是的，我吃菜不喜欢放蒜，喜欢胡椒，他们都有记录，很多细节比我考虑得还周到。”

挖掘现有客户的价值

对于已成交的客户，我们要持续挖掘业务价值。老客户的复购、增购，也可能是业绩增长的重要来源。

学会用终身价值来看待老客户是很有必要的。以保险行业为例，对于购买寿险的客户，保险公司通常会把客户第一年的保单金额的很大一部分（50%以上）给保险经纪人/代理人的团队（包括直接销售者及其上两级管理者）作为佣金，公司只留下较低的比例。原因就是该客户可能会连续缴费20年，而从第二年开始，代理人/经纪人的佣金比例是大幅下降的，而客户接下来每年都在交保费，长期价值/终身价值很高。很多行业都可以持续挖掘客户的长期/终身价值。

老客户价值的第二个体现是转介绍。销售人员服务好一个客户之后，客户就对你产生了信任，更有意愿帮你转介绍。这种转介绍业务的成交率，通常比新开发陌生客户的成功率要高得多。

用心经营重点客户

许多行业都存在二八法则，也就是20%的客户可能创造80%的利润。具体的数据比例因行业、公司差异有所不同，但大客户可能创造更多的销售额和利润，是非常普遍的现象。因此，对现有客户进行梳理，发现具有增长潜力的客户，应当持续关注、深度经营。

如何筛选重点客户呢？可以从几个方面着手。首先，要符合公司“战略规划”的方向、“理想客户”的定义和标准。其次，有较大的增长潜力，可以通过梳理客户未来3～5年跟公司的产品/服务相关的业务总量趋势、现有的供应份额比例，来分析潜在的增长空间。再者，分析客户的“决策地图”，看看相关决策人（往往是多个）对公司的喜恶、立场，他们个体的动机、痛点等。最后，还可以围绕这个客户的竞争格局进行分析。基于全面的梳理，就可以发现“重点客户”对象，也可以发现“经营”该客户的潜在“地雷”，从而制定有效的策略和行动计划。

深挖客户的资源网络

“伍老师，这是我们最大的客户Y公司的销售副总裁，我想介绍你们认识一下，看看他们是否也需要桑德拉的服务。”

“非常感谢！您是怎么想到他们的呢？”

“是这样的，Y公司是我们多年的客户，我们的产品是他们整体方案的核心部分，对他们产品的性能和表现有很大影响。他们的销售队伍经常被客户牵着鼻子走，总是让我们加班加点地配合他们修改技术方案、做样品测试、个性定制……我们经常陪着他们做免费咨询。而且客户一压他们的价格，他们就会拼命压我们的价格。”

销售人员努力地为客户提供满意的产品/服务，交付同时也获得了一个深度了解客户、渗透客户的机会（这种深度是在没有成为正式供应商之前较难达到的）。

桑德拉的“客户工具”提供了一个框架，销售人员可以顺藤摸瓜来拓展业务。具体包括以下方面：一是有机增长，比如项目的拓展、项目的续约、客户的其他部门开始采购、拓展你的产品种类和数量等；二是客户的合作伙伴和联盟之间的机会，比如客户的供应商、配套合作伙伴；第三是客户的“家族”，如姊妹公司、子公司、母公司；第四是客户的熟人网络，比如前同事、过往的合作伙伴、校友等；第五是客户的客户。

关联知识点

- 客户发展助推工具
- 客户关系增进工具
- 客户工具
- 竞争分析工具

关联原则

- 原则 15　照顾好你的“摇钱树”
- 原则 40　持续创造价值
- 原则 48　培养满意的客户

思考题：

思考一下你的时间、精力是如何分配给不同的客户的，最终的结果如何？

行动：

把你的客户按照销售额和与核心人员关系两种标准分类，制定每一类客户的服务策略。

附录A

桑德拉销售体系课程主题与服务

桑德拉销售体系提供覆盖销售各个层级的内容，包括战略拆解、销售策略、目标分解、变革管理的各个模块，以及从战略到销售的各个环节。覆盖各层级人员的课程，确保了企业运作理念的一致性，避免上下脱节导致的执行障碍。

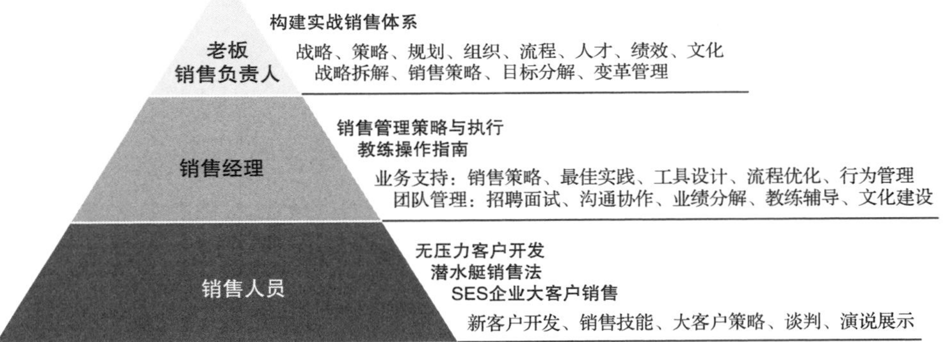

桑德拉的课程之间具有共同的DNA，既相互独立，又相互关联，且层层递进，确保学习者能够在不同阶段获得连贯的知识和技能。

桑德拉服务形式

- 企业内训、辅导、咨询（如：销售技能、销售流程搭建&优化、内部销售教练培养、打通“战略到销售”等）
- 公开课
- 强化训练：线上、线下相结合，符合成人学习规律的训练项目
- 实战辅导：实际案例辅导、客户陪同拜访
- 学习社群：在线学习、交流、研讨社群

附录 B

学员评价

客户转介绍，都没怎么聊，就成交了。我感觉现在成交和以前成交完全不一样，以前成交我总感觉是欠客户的，特别不好意思，现在感觉是我在帮助客户，很有成就感！

我两年前买过系统课程，完全颠覆了我对销售的认知，课程帮助我很快就成为了销冠，然后老板开始让我负责销售新人的培训工作，系统课程我前后听了五遍，常听常新。

训练营的课程非常棒，我是老学员啦。2019 年学习桑德拉的课程后，年收入比原来多了 17 万元。自己当时带团队也是沿用桑德拉的销售体系，团队里很多销售小白本来很反感打陌生开发电话，认为自己内向做不好销售，用了桑德拉方法后，我在自己团队里就培养出来四个主管，其中一个发展速度很快，2021 年就升职到总监。

半夜醒来忍不住拿起手机，再次品味伍杰老师的课程，又多了一层思考和理解。销售没有最好只有更好，如何能做到极致、把握人性的特点显得尤为重要。继续品味……

需要被感谢的是伍杰老师，他的分享真的非常有价值！

八年前的课在六年前就产生了很大的效益，帮助我签下了当时我们部门最大的一张订单 150 万美元，在当时小有轰动。后来这些年还会时不时地去回味当年一帮年轻人在一起上课的情景，非常感动。昨天有幸听了一次线上课程分享，感觉体内又注入了一些新的活力，对自身的专业化塑造又有了新的方向，真的非常感谢！

我是无意间发现桑德拉销售方法的，认认真真听完伍杰老师的课，重复听了几遍，受益匪浅。我现在就在实际中运用这些方法，觉得销售不像以前了，感觉做起销售既轻松又有乐趣。

如果一个理论是基于最本质的研究，那么它的正确概率会非常大。销售是人性的博弈。对于人性的研究，桑德拉很棒！

伍杰老师，咱们桑德拉的课程太厉害了，我听得如痴如醉。尤其实战的精彩，真的是让我崇拜。

桑德拉大大区别于传统销售，是基于人性的销售理念，彼此尊重、公平、平等，没有高压的销售系统，让客户带着销售人员成交，让销售人员自信优雅地成交。

做销售四五年了，也陆陆续续接触了一些销售体系和方法——顾问式销售、价值型销售、SPIN等，也看了很多牛人的视频，但是总觉得看的时候很好，真正用的时候却无从入手。直到偶然间接触到了桑德拉，真是有一种醍醐灌顶的感觉，突然间觉得销售原来应该这么做才对。强烈建议刚做销售的人一定要看看桑德拉，别让自己走了弯路。

桑德拉让我们以柔克刚，不愧为人性化销售的一代宗师。简单实用是桑德拉的核心竞争力！

我感觉，桑德拉最厉害的是可以由术入道，而很多其他销售体系，一上来其实内含了很高的道德要求或者底层思维要求，然后真到用的时候却发现无从入手。

谢谢伍老师的分享，我觉得说出了销售中难以捉摸的东西，回顾以往的销售经历感觉到有迹可循了。

桑德拉，我个人认为他是销售方法论的大师。面对桑德拉，我们这些做了十几年销售的“老司机”，要放空自己！我现在每天背桑德拉的原则。

刚听完了一遍就帮助很大，理解和消化透以后应该有飞一般的提升，感谢伍老师，感谢桑德拉！